地震科学探索

综合实践活动课程手册

主编／王怡

上海社会科学院出版社
SHANGHAI ACADEMY OF SOCIAL SCIENCES PRESS

主　编　王　怡

策　划　胡立德

编委会成员（按姓氏笔画为序）

　　　　叶　芳　吴　霞　张卫霞

　　　　赵　东　楚春娟　濮燕华

前　言

《地震科学探索——综合实践活动课程手册》是上海市嘉定区徐行中学融合现有的场馆资源、面向初中阶段学生开设的探究型综合实践活动课程学习手册。全书从地球知识、地震知识、地震逃生、地震救护、震后重建五个板块系统地呈现了地震科学及关联领域的知识。作为一本典型的跨学科课程学习手册，本书立足于学生年龄特征及知识储备，综合了地理、物理、化学、科学、民事防护、心理等多个学科的知识，吸引学生逐步深入不同知识领域，获得丰富的科学知识和学习体验，增强敬畏自然、尊重科学、珍爱生命的意识。

2013年5月，上海市首家建在学校的地震科普馆在我校落成。地震科普馆由序言、地球知识、地震知识、防震避险综合体验和地震次生灾害五大展区组成，是一个普及地震知识，让学生学会避震技能、体验防灾教育的特色馆。

我校的地震科普馆，是弘扬中华优秀传统文化，将古代科技与现代科技衔接学习的基地。我们要积极拓展现代系统论的思维模式，并挖掘中国古代传统科学中的一些要素和整理利用中国古代积累下来的对自然灾变观测的丰富资料，进行理论创新。

中国古代对地震有比较深入的研究，宋代司马光曾有言"天地与人，了不相关，薄食、震摇，皆有常数，不足畏忌"（《司马温公传家集》）。明末清初，一些学者对地震的成因作了较为详细的论述。其中较有价值的，一是认为"内有火气煊燃，则所生热气渐多""愈积愈重，不能含纳""溃围破裂而出，故致地动"，这是最早的火山地震说；另一种是"地体亦有剥朽，乃剥朽者裂分全体，而坠于内空之地"，即发生地震，这是最早的陷落地震的学说。国外直到1887年德国学者豪尔奈斯才提出火山地震、陷落地震和构造地震的分类。

在用仪器探索的研究方面，最著名的莫过于张衡的地动仪了。虽然张衡发明的地动仪没有保存和流传下来，但中华人民共和国成立后，科学家对张衡创造的地动仪进行了研究和复原，并把复原后的地动仪陈列在中国历史博物馆内，标志着我国古代地震科学的伟大成就。自张衡创制地动仪之后，我国还出现过一些研究地震仪器的科学家。如南北朝时期的信都芳，他曾著有《器准》一书，其中就记述了地动仪，并附有插图。隋初，天文数学家临孝恭也写过一本《地动铜仪经》，专门讲述地动仪的构造原理。南宋周密在《齐东野语》中也记叙了地动仪器的相关事宜。这些史实，说明我国古代对地动仪的研究是很重视的，并力图用地震仪器的方法来预测地震、探索地震的规律。

作为学校的综合实践活动课程，"地震科学探索"依据相关学科的课程标准，落实教育部关于社会主义核心价值观进教材、进课程、进课堂的要求，实践上海市普通中小学课程方案，在学校"让每一个孩子健康成长"的"健全教育"办学理念指引下，围绕地震科学探索所需的知识与技能、情感态度和价值观的培训、培养开展活动。通过课程传授地震文化知识，使学生在系列化的具体课程活动中，传递并诠释"健康成长"的意义，最终为学生的身心、道德健康成长奠定良好的基础。

探索聚焦于课程之理念，科技融合于课程之活动。在本活动手册编写过程中，我们重视学科课程标准与核心素养的结合，既重视和体现国家课程和地方课程对学生核心素养的要求，又重视体现徐行本土文化对学生基本素养的要求，较好地实现了国家课程和地方课程的校本化实施。

地震科学高速发展的今天，有些自然现象人类能够预先知道，有些目前的科学技术还做不到，但要相信人类的探索无止境，科学、理性始终应该是我们面对问题的态度。我们在编写这本活动手册的过程中，始终贯穿这一精神，注重在活动的设计中鼓励学生用有限去探索无限，引导学生在科学探究活动中学会探究的方法，养成探究的习惯，提升探究的能力。

校园内的地震科普馆是徐行中学开展地震探究活动的重要场所，我们将充分利用这一优势资源，结合《地震科学探索——综合实践活动课程手册》展开一系列的活动，形成即使地震也要超越灾难，再造幸福的观念；在困难面前要乐观、自信，热爱生活，尊重生命，珍惜现在，憧憬未来。

上海市嘉定区徐行中学校长　王　怡

2021 年 3 月

目 录

前言 /1

第一单元　地球知识 /1
活动一　探索地球圈层　/1
活动二　探索海陆变迁　/10
活动三　初涉地球物理学　/17
活动四　初涉地球化学　/30

第二单元　地震知识 /43
活动一　探索地震的相关知识　/43
活动二　探索地震带　/53
活动三　探索地震预警　/60
活动四　探索地震次生灾害　/69

第三单元　地震逃生 /80
活动一　探索逃生方法　/80
活动二　了解生活场景的隐患　/92
活动三　了解逃生物品　/103

第四单元 地震救护 /111

活动一 震后的自救与互救 /111

活动二 传统的救援方式 /122

活动三 高科技救援 /133

活动四 救护知识普及 /147

第五单元 震后重建 /158

活动一 震后损失调查 /158

活动二 防震建筑的设计 /175

活动三 震后心理状况及疾病调查 /192

活动四 灾后心理干预和辅导 /205

后记 /223

第一单元 地球知识

活动一 探索地球圈层

知识链接

地球圈层分为哪几层？

地球圈层结构分为地球外部圈层和地球内部圈层两大部分。地球外部圈层可进一步划分为三个基本圈层，即大气圈、水圈、生物圈；地球内部圈层可进一步划分为三个基本圈层，即地壳、地幔和地核。

地壳和上地幔顶部（软流层以上）由坚硬的岩石组成，合称岩石圈。

探究学习

地球圈层结构

◆ 根据地球圈层的文字介绍及下图，尝试绘制地球圈层结构示意图。

◆ 我们小组在绘制地球圈层结构示意图时遇到的困难是：_____

◆ 我们解决的办法是：_____

◆ 互动反馈

我比较欣赏_____小组的示意图，理由（结构、知识性、美观等）是：_____

知识链接

地球内部圈层

地壳

地壳厚度各处不一，大陆地壳平均厚度约35千米，高大山系地区的地壳较厚，欧洲阿尔卑斯山的地壳厚达65千米，亚洲青藏高原某些地方地壳厚度超过70千米，而北京地区地壳厚度与大陆地壳平均厚度相当，约36千米。大洋地壳很薄，例如大西洋南部地壳厚度为12千米，北冰洋为10千米，有些地方的大洋地壳的厚度只有5千米左右。整个地壳平均厚度约17千米。一般认为，地壳上层由较轻的硅铝物质组成，叫硅铝层，大洋底部一般缺少硅铝层；地壳下层由较重的硅镁物质组成，称为硅镁层，大洋地壳主要由硅镁层组成。

地幔

介于地壳与地核之间，又称中间层。自地壳以下至2900千米深处。地幔一般分上下两层：从地壳最下层到100～120千米深处，除硅铝物质外，铁镁成分增加，类似橄榄岩，称为上地幔，又称橄榄岩带；下层为柔性物质，呈非晶质状态，大约是铬的氧化物和铁镍的硫化物，称为下地幔。地震资料说明，大致在70～150千米深处，震波传播速度减弱，形成低速带，自此向下直到150千米深处的地幔物质呈塑性，可以产生对流，称为软流圈。这样，地幔又可分为上地幔、转换带和下地幔三层。

地核

地幔以下大约至5100千米处地震横波不能通过称为外核，推测外核物质是"液态"，但地核不仅温度很高，而且压力很大，因此这种液态应当是高温高压下的特殊物质状态；5100～6371千米是内核，在这里纵波可以转换为横波，物质状态具有刚性，为固态。整个地核以铁镍物质为主。

探究学习

1. 地球内部圈层划分依据

地球内部情况主要是通过地震波的记录间接地获得的。地震时，地球内部物质受到强烈冲击而产生波动，称为地震波。它主要分为纵波和横波。由于地球内部物质不均一，地震波在不同弹性、不同密度的介质中，其传播速度和通过的状况也就不一样。例如，纵波在固体、液体和气体介质中都可以传播，速度也较快；横波只能在固体介质中传播，速度比较慢。地震波在地球深处传播时，如果传播速度突然发生变化，这突然发生变化所在的面，称为不连续面。根据不连续面的存在，人们间接地知道地球内部具有圈层结构。

◆ 根据纵波及横波的传播特点，判断不同形态下地震波的传播及速度，在相应的地方打"√"。

牛奶　　横波＿＿＿　　速度快＿＿＿
　　　　纵波＿＿＿　　速度慢＿＿＿

空气　　横波＿＿＿　　速度快＿＿＿
　　　　纵波＿＿＿　　速度慢＿＿＿

土壤　　横波＿＿＿　　速度快＿＿＿
　　　　纵波＿＿＿　　速度慢＿＿＿

2. 地球内部圈层划分

根据上述知识链接内容，绘制地球内部圈层示意图，并标注各个圈层的主要物质。

3. 古登堡面、莫霍面

古登堡界面，又名古腾堡界面。根据地震波波速变化而划分的，是地幔与地核的分界面。

莫霍面，又名莫霍界面，地壳同地幔间的分界面，是克罗地亚地震学家莫霍洛维奇于1909年发现，故以他的名字命名，称为莫霍洛维奇不连续面，简称莫霍面。

地震波传播时，除了在地球内部深度约33千米处波速有一个显著的变化（此处称为莫霍界面）之外，在深度约为2900千米处，地震波传播状态也会发生明显的改变，此处便被称为古登堡界面。地幔位于莫霍界面与古登堡界面之间。由于地球外核为液态，在地幔中的地震波S波（S波即横波，横波只能在固体中传播）不能穿过此界面在外核中传播，P波（指纵波）曲线在此界面处的速度也急剧减低。

◆ 古登堡面的确立依据。

_____

_____

◆ 莫霍面的确立依据。

_____

_____

◆ 根据相关知识，完成下图，在相应的字母旁填写名称。

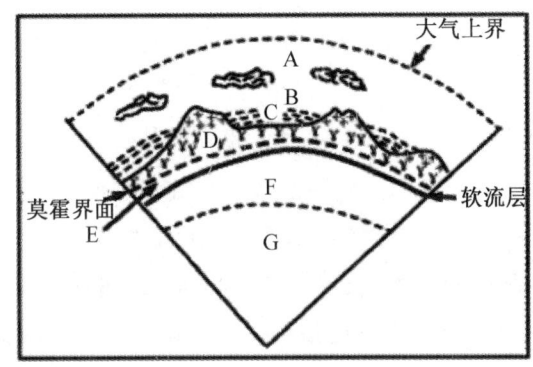

4. 根据材料，完成下列题目

2011年3月11日，日本气象厅表示，日本当地时间14时46分发生里氏9.0级地震，震中位于宫城县以东太平洋海域（146.2°E，38.1°N），震源深度约10千米。地震引发大规模海啸，造成重大人员伤亡，并引发日本福岛第一核电站发生核泄漏事故。结合所学知识，完成选择题。

◆ 地震发生时（　　）。

A. 能量以波的形式传播到东京

B. 横波先传播到东京

C. 宫城的居民先感觉到地板水平晃，后感觉到上下颠

D. 宫城的居民只感到上下颠

◆ 下面关于宫城地震产生的地震波的叙述，正确的是（　　）

A. P波到达莫霍面后速度迅速降低。

B. S波到达古登堡面后速度迅速降低。

C. P波和S波到达莫霍面后速度均迅速增加。

D. P波和S波在地幔内部的传播速度是相同的。

知识链接

地球外部圈层

大气圈、水圈、生物圈，相互交错、相互影响，构成地球上最具活力的外部圈层。

大气圈是地球外圈中最外部的气体圈层，它包围着海洋和陆地。大气圈没有确切的上界，在2000～16000千米高空仍有稀薄的气体和基本粒子。在地下，土壤和某些岩石中也会有少量空气，它们也可认为是大气圈的一个组成部分。地球大气的主要成分为氮、氧、氩、二氧化碳和不到0.04%比例的微量气体。

水圈（Hydrosphere），地质学专业术语，是地球外圈中作用最为活跃的一个圈层，也是一个连续不规则的圈层。它与大气圈、生物圈和地球内圈的相互作用，直接关系到影响人类活动的表层系统的演化。水圈也是外动力地质作用的主要介质，是塑造地球表面最重要的角色。它指地壳表层、表面和围绕地球的大气层中存在着的各种形态的水，包括液态、气态和固态的水。

生物圈（biosphere）是指地球上凡是出现并感受到生命活动影响的地区。是地表有机体包括微生物及其自下而上环境的总称，是行星地球特有的圈层。它也是人类诞生和生存的空间。生物圈是地球上最大的生态系统。

探究学习

1. 选择题

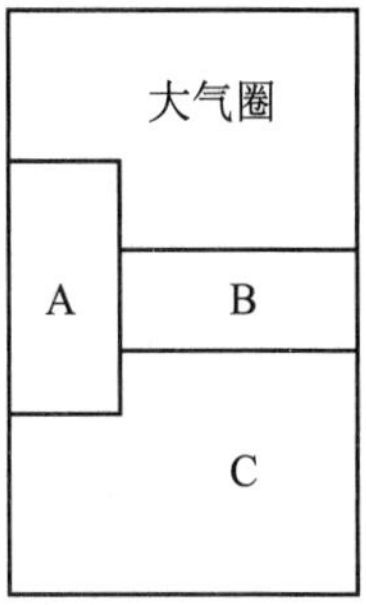

地球的外部圈层包括大气圈、水圈、生物圈等，这些圈层之间相互联系、相互制约，形成人类赖以生存和发展的自然环境。结合地球外部圈层构造示意图，完成下题。

◆ 图中所示的圈层 A、B、C 分别是（　　）

A. 水圈、生物圈、岩石圈　　B. 生物圈、岩石圈、水圈

C. 岩石圈、水圈、生物圈　　D. 生物圈、水圈、岩石圈

◆ 图中所示的 B 圈层是一个（　　）

A. 不连续、有规则的圈层　　B. 连续、不规则的圈层

C. 连续、有规则的圈层　　D. 不连续、不规则的圈层

2. 绘制水循环示意图

地球表面的水是十分活跃的。海洋蒸发的水汽进入大气圈，经气流输送到大陆、凝结后降落到地面，部分被生物吸收，部分下渗为地下水，部分成为地表径流。地表径流和地下径流大部分回归海洋。水在循环过程中不断释放或吸收热能，调节着地球上各层圈的能量，还不断地塑造着地表的形态。

◆ 两人一组，搜集材料，绘制水循环示意图。

◆ 我们小组在探究这个问题时遇到的困难是：_____

◆ 互动反馈

我认为在我们小组内_____同学发挥了引领作用，理由是：_____

3．选择题

◆ 下列关于地球外部圈层的说法，不正确的是（　　）

A．地球外部可划分为大气圈、水圈和生物圈三个圈层。

B．大气圈是包裹地球的气体层，近地面的大气密度小。

C．水圈由液态水、固态水和气态水组成。

D．生物系统是由地壳、大气圈、水圈和生物圈共同组成的，地球生态系统中最活跃的因素是生物。

4．翻译题

下面是地球水资源的分布图，请将图中的英语翻译成中文。

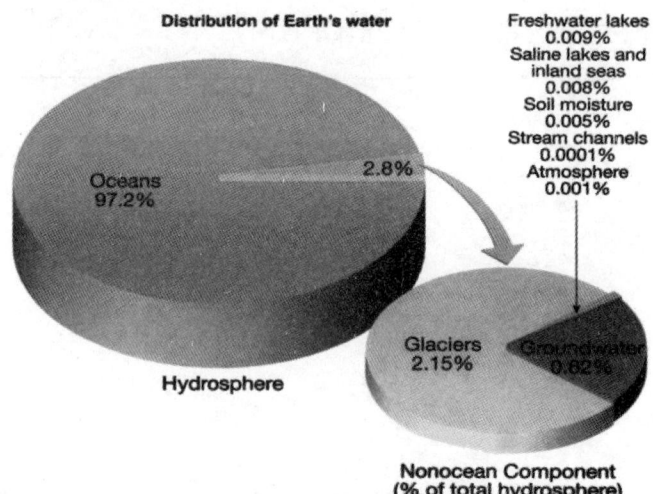

活动评价表

评 价 内 容	自评	互评	师评
探究学习一			
能够根据要求绘制地球圈层结构示意图			
能够发现绘制地球圈层结构示意图时遇到的困难			
能够找到解决以上困难的方法			
能够赞赏其他小组的示意图并说明理由			
探究学习二			
能够正确判断不同形态下地震波的传播及速度			
能够绘制地球内部圈层结构示意图并标注各个圈层的主要物质			
能够找到古登堡面的确立依据			
能够找到莫霍面的确立依据			
能够根据相关知识在相应的字母旁填写名称			
能够结合所学知识完成选择题			
探究学习三			
能够结合地球外部圈层构造示意图完成选择题			
能够绘制水循环示意图			
能够说出绘制水循环示意图时遇到的具体困难			
能够指出发挥引领作用的同学并说明理由			
能够指出地球外部圈层不正确的说法			
能够翻译地球水资源的分布图中的英语			

评价等级：优、良、中、差

活动二 探索海陆变迁

知识链接

沧海桑田

"沧海桑田"一词出自《神仙传·麻姑》，意思是说海洋会抬升成为陆地，陆地也会演变成大海。在雄伟高峻的喜马拉雅山地区，科学工作者找到了许多古海洋动物和植物的化石。这些海洋里的生物为什么会出现在高山地区呢？原来，在3000万年前，喜马拉雅山曾是一片汪洋大海，后来才形成了山脉。

探究学习

崇明岛的形成

崇明岛地处长江口，是中国第三大岛，被誉为"长江门户、东海瀛洲"，是中国最大的河口冲积岛，中国最大的沙岛。崇明岛成陆已有1300多年历史，全岛面积1269.1平方千米，海拔3.5～4.5米。全岛地势平坦，土地肥沃，林木茂盛，物产富饶，是有名的鱼米之乡。

◆ 有专家预计，崇明岛50年后将和北边陆地接壤，你觉得可能吗？查阅资料，分析崇明岛成因。

我们小组认为这个说法是_____的，原因是：_____
_____

◆ 除崇明岛外，你还能找到其他"沧海桑田"的证据吗？
_____
_____

◆ 我们小组在探究这个问题时遇到的困难是：_____
_____

◆ 我们解决的办法是：_____
_____

◆ 互动反馈

我比较赞同_____小组的说法,理由(知识性、逻辑性、新颖性等)是:
_____
_____

知识链接

大陆漂移学说

大陆漂移说认为,地球上所有大陆在中生代以前曾经是统一的巨大陆块,称之为泛大陆或联合古陆,中生代开始分裂并漂移,逐渐达到现在的位置。大陆漂移的动力机制与地球自转的两种分力有关:向西漂移的潮汐力和指向赤道的离极力。较轻硅铝质的大陆块漂浮在较重的黏性的硅镁层之上,由于潮汐力和离极力的作用使泛大陆破裂并与硅镁层分离,而向西、向赤道作大规模水平漂移,并且向附近移动的活动。

探究学习

大陆漂移学说的不足

大陆漂移说的提出,在地质学界引起了轰动。因为它明确地向当时在地质学中占统治地位的大陆固定论提出了挑战。但是,在大陆漂移说中存在一个致命弱点。

◆ 查阅资料,大陆漂移学说的致命弱点是:_____
_____
_____

◆ 同桌的观点是:_____
_____
_____

◆ 互动反馈

我比较赞同_____的观点,理由(结构、知识性、逻辑性等)是:_____
_____
_____

知识链接

海底扩张学说

海底扩张说（sea-floor spreading hypothesis）是海底地壳生长和运动扩张的一种学说，是对大陆漂移说的进一步发展。它是20世纪60年代，由美国海洋地质学家H. H. 赫斯（Harry Hammond Hess）和海洋地球物理学家R.S. 迪茨（Robert S. Dietz）分别提出的。

50年代以来，随着海底科学的发展，人们利用放射性同位素测定海底岩石年龄，发现海底岩石的年龄很轻，一般不超过2亿年，相当于中生代侏罗纪（大陆最老岩石年龄在30亿年以上），而且离海岭（又叫大洋中脊）愈近，岩石年龄愈轻；离海岭愈远，岩石年龄愈老，而且在海岭两侧呈对称分布。60年代初，一些科学家提出了海底扩张学说，认为海岭是新的大洋地壳诞生处。

板块的驱动力是地幔物质的对流。地幔物质从海岭顶部的巨大开裂处涌出，凝固后形成新的大洋地壳。以后继续上升的岩浆又把原先形成的大洋地壳以每年几厘米的速度推向两边，使海底不断更新和扩张。当扩张着的大洋地壳遇到大陆地壳时，便俯冲到大陆地壳之下的地幔中，逐渐熔化而消亡。这一过程实际上是洋壳"新陈代谢"过程，其所历时间约需2亿年。它也是海底岩石年龄的下限。

探究学习

简述题

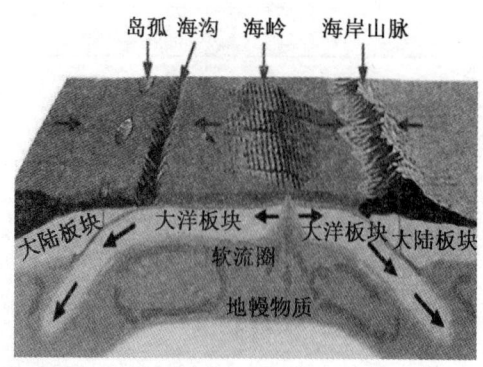

◆ 根据上述材料及示意图，简述海底扩张学说主要观点：_____

◆ 查阅资料，简述海底扩张学说的主要证据：_____

◆ 与同桌交流，列举海底扩张的主要证据：_____

◆ 互动反馈

我比较赞同_____小组的观点，理由（结构、知识性、逻辑性等）是：_____

知识链接

板块构造学说

1968年，剑桥大学的麦肯齐（D. P. Mckenzin）和派克（R. L. Parker），普林斯顿大学的摩根（W. J. Morgan）和拉蒙特观测所的勒皮雄（X. Lepichon）等人联合提出的一种新的大陆漂移说——板块构造学说，它是海底扩张学说的具体引申。

板块构造学说认为，全球的岩石圈主要由六大板块组成，大陆的移动并不是陆地独自在海洋上漂移，而是大陆与附近的洋底组成的板块一起在缓缓移动。一般来说，板块的内部比较稳定，而在板块与板块的交界处，地壳不稳定，火山、地震活动频繁。

探究学习

1. 岩石圈

岩石圈，地质学专业术语，是地球上部相对于软流圈而言的坚硬的岩石圈层。

厚约60～120千米，为地震高波速带。由地壳和上地幔顶部组成。岩石圈下面是软流圈。岩石圈可分为六大板块：亚欧板块、太平洋板块、美洲板块、非洲板块、印度洋板块、南极洲板块。岩石圈的厚度因地而异。

◆ 查阅地图及相关资料，记录下亚欧板块主要包括哪些大陆、岛屿、半岛及海洋。

_____

_____

2. 板块运动

据地质学家估计，大板块每年可以移动1～6厘米的距离。这个速度虽然很小，但经过亿万年后，地球的海陆面貌就会发生巨大的变化：当两个板块逐渐分离时，在分离处即可出现新的凹地和海洋；大西洋和东非大裂谷就是在两块大板块发生分离时形成的。喜马拉雅山，就是3000多万年前由南面的印度洋板块和北面的亚欧板块发生碰撞挤压而形成的。

有时还会出现另一种情况：当两个坚硬的板块发生碰撞时，接触部分的岩层还没来得及发生弯曲变形，其中有一个板块已经深深地插入另一个板块的底部。由于碰撞的力量很大，插入部位很深，以至把原来板块上的老岩层一起带到高温地幔中，最后被熔化了。而在板块向地壳深处插入的部位，即形成了很深的海沟。西太平洋海底的一些大海沟就是这样形成的。

◆ 5～6人一组，共分6组，每组认领一个板块，根据板块运动方向进行相互运动，完成下列表格。

板块边界	板块相对运动	形成地貌	实例
扩张型边界	分离 ← →		
汇聚型边界	汇聚 → ←		

◆ 根据六大板块示意图上各板块的运动方向推测：

（1）南、北美洲同欧洲、非洲的距离是越来越近，还是越来越远？判断依据是什么？

_____

（2）地中海是在拓宽，还是在缩小？原因是什么？

_____

◆ 互动反馈

我比较赞同_____小组的说法，理由（知识性、逻辑性等）是：_____

_____

3. 火山地震带

全球有环太平洋地震带和地中海—喜马拉雅山地震带两大地震带，前者约集中了全世界80%以上的浅源地震（0～70千米）、几乎全部的中源（70～300千米）和深源（300～700千米）地震。它围绕着太平洋分布，从南美洲的南端开始，沿西海岸向北延伸，到北美洲阿拉斯加，折向西经阿留申群岛、堪察加半岛、千岛群岛到日本。

◆ 查阅"全球六大板块"分布图和"世界火山和地震分布带"图，观察、分析火山和地震带的分布与全球六大板块有何联系？

_____

_____

◆ 原因是什么？

_____

_____

◆ 与组员交流，总结火山地震带的分布与全球六大板块联系的原因是：_____

_____

◆ 互动反馈

我比较赞同_____小组的观点，理由（结构、知识性、逻辑性等）是：_____

_____

活动评价表

评 价 内 容	目标	互评	师评
探究学习一			
能够准确判断崇明岛是否会和北边陆地接壤,并分析崇明岛成因			
能够找到其他沧海桑田的证据			
能够说出探究问题时的具体困难			
能够找到解决以上困难的方法			
探究学习二			
能够找到轮廓基本吻合的大洲并进行拼图			
能够赞赏其他组的拼图并说明理由			
能够找到大陆漂移学说的致命弱点			
能够简单阐述同桌的观点			
探究学习三			
能够简述海底扩张学说的主要观点			
能够简述海底扩张学说的主要证据			
能够列举同桌提出的海底扩张的主要证据			
探究学习四			
能够在空白地图中标注六大板块			
能够简述亚欧板块主要包括的大陆、岛屿及海洋			
能够根据板块相互运动完成表格			
能够准确判断南、北美洲同欧洲、非洲的距离变化趋势,并说出判断依据			
能够阐述地中海在拓宽还是缩小的原因			
能够简述火山地震带的分布与全球六大板块的联系			
能够与组员交流,并总结火山地震带的分布与全球六大板块联系的原因			

评价等级:优、良、中、差

活动三　初涉地球物理学

 知识链接

地球物理学研究什么？

地球物理学（geophysics）是地球科学的主要学科之一，是通过定量的物理方法（如：地震弹性波、重力、地磁、地电、地热和放射能等方法）研究地球以及寻找地球内部矿藏资源的一门综合性学科，研究范围包括地球的地壳、地幔、地核和大气层。地球物理学有诸多研究分支，包括固体地球物理学、地球动力学、地震学、大地测量学、地热学、地磁学、水文地理学、海洋学、气象学、地核构造学、勘探地球物理学、比较行星学、大地构造物理学和大地天文学；研究内容包括地球内部结构、震源理论、地震波传播理论、大陆地壳大尺度的特征，诸如板块俯冲带和大洋中脊。传统地球物理学主要指固体地球物理学，现代地球物理学的研究延伸到地球大气层外部的现象，例如电离层电机效应（ionospheric dynamo）、极光放电（auroral electrojets）和磁层顶电流系统（magnetopause current system），甚至延伸到其他行星及其卫星的物理性质。

探究学习

1. 地震弹性波探究

地球下岩层断裂错位伴随产生大量的能量释放，造成周围弹性介质的强烈振动，这种振动以波的方式上下跳动、摇晃，物体为摆动式向外传播，即为地震弹性波。

◆ 某些动物有一种特殊的能力，能在地震发生之前，人类没有任何感觉的时候，感应到将有地震来临。上图一排动物的下面画有一条波纹线，说说这根波纹线表达的意思是什么。

_____

_____

◆ 互动反馈

我们小组对上述问题的探究意见一致和不一致的内容是：_____

_____

2. 重力探究

我们能够在地球表面生存，而不被地球自转所产生的离心力抛向天空，是因为重力的原因。这种由于地球的吸引而使物体受到的力叫做"重力"。

◆ 右图跳伞运动员在降落过程中，前一阶段下降速度不断增加，后一阶段保持匀速下降，跳伞运动员在这两阶段受力情况是（　　）。

A. 重力大于空气阻力，重力小于空气阻力

B. 重力大于空气阻力，重力等于空气阻力

C. 重力小于空气阻力，重力大于空气阻力

D. 重力自始至终大于空气阻力

◆ 登月宇航员在月球上受到的重力大约只有在地球上的六分之一，所以月球上的比例系数 g 大约只有地球上的六分之一。一位登月宇航员的质量为 70 千克，他在地球上受到的重力为多少牛？当他登上月球表面时，他的质量为多少千克？他受到的重力又为多少？（$g_{地球}$ = 9.8 米/秒²）

_____

_____

_____

◆ 上图描绘的是一位宇航员在地球和月球举杠铃的情景，请你用相关的重力知识解释两张图片的情景。

_____

_____

◆ 我们小组在探究这个问题时遇到的困难是：_____

_____

◆ 互动反馈

我认为在我们小组内_____同学发挥了引领作用，理由是：_____

_____

知识链接

地球物理技术：人造雾和人工降雨

地球物理技术有很多，其中之一是人造雾。人造雾是利用专用造雾主机将经过精密过滤处理的水，输送到造雾专用高压管网（耐压 14 MPa），最后到达造雾专用喷头喷出成雾。造雾剂配方成分包括氧化剂 A（45%～75%）、可燃剂镁粉（0～10%）、成核催化剂 H（5%～20%）、黏合剂 C（8%～22%）以及功能调节剂 D（1%～5%）；其中固定氧化剂、成核催化剂以及功能调节剂共计为 78%，镁粉和黏合剂共计 22%。根据镁粉与黏合剂用量的

第一单元　地球知识

不同，可以有不同的配方。

人工降雨，是指根据自然界降水形成的原理，人为补充某些形成降水的必要条件，促进云层迅速凝结成雨滴，降落到地面。其方法是根据不同云层的物理特性，选择合适时机，用飞机、火箭向云中播撒干冰、碘化银、盐粉等催化剂，使云层降水或增加降水量，以达到降雨的目的。

探究学习

1. 地球物理技术——人造雾

雾是由悬浮在近地面空气中的微小水滴或冰晶所形成的气溶胶系统，它是可见光的天然遮障，对红外激光、热红外同样具有极佳的吸收和散射作用，对波长较短的雷达波也有一定的衰减作用。第二次世界大战期间，1943年，美军出动飞机在意大利伏尔特河面上，低空播撒"造雾剂"，制造出5000米长，高度超过1000米的"雾墙"，部队凭借浓雾掩护，一举突破河对岸的德军防线。

◆ 在我们的日常生活中常能见到一些人造雾，譬如舞台、景点等。我们在科学或化学老师的带领下，也来一次造雾活动，我们请来的老师是：＿＿＿＿＿＿
我们的小组成员是：＿＿＿＿＿＿＿＿＿＿＿＿＿＿＿＿＿＿＿＿＿＿＿＿
具体分工是：＿＿＿＿＿＿＿＿＿＿＿＿＿＿＿＿＿＿＿＿＿＿＿＿＿＿＿＿
＿＿＿＿＿＿＿＿＿＿＿＿＿＿＿＿＿＿＿＿＿＿＿＿＿＿＿＿＿＿＿＿＿＿

◆ 我们准备的材料是：＿＿＿＿＿＿＿＿＿＿＿＿＿＿＿＿＿＿＿＿＿
＿＿＿＿＿＿＿＿＿＿＿＿＿＿＿＿＿＿＿＿＿＿＿＿＿＿＿＿＿＿＿＿＿＿

◆ 我们选择的造雾地点是：_____
◆ 造雾完成后，我对造雾过程和结果的描写（比如写雾气的弥漫和效果）是：

_____

_____

◆ 互动反馈

我比较欣赏小组内_____同学的描写，理由（文采、表达是否清晰等）是：

_____

2. **地球物理技术——人工降雨**

美国艾森豪威尔总统执政期间，美军提出"气候控制比原子弹还重要"的观点。1953年，美三军联合成立人工影响气候研究委员会，研究气象武器。越战期间，美军向某作战空域的云层倾泻了成吨的碘化银，实施人工降雨，延长季风持续的时间；美军曾出动飞机26000架次，对"胡志明"小道施

放474万多枚催化弹，人工制造暴雨和洪水。造成局部地区洪水泛滥，桥梁、水坝、道路和村庄被毁。

◆ 和平年代的人工降雨与战争年代的人工降雨目的是不同的。以四人小组为单位，了解现代社会在什么情况下和用什么方式人工降雨。

_____

_____

◆ 我们通过媒体（网站、报纸、杂志等）了解了人工降雨的信息。

媒体名称：_____ 人工降雨的目的：_____

人工降雨的形式：_____

第一单元　地球知识

◆ 互动反馈

在这次探究活动中，_____同学最值得点赞，理由（善于搜集资料、善于分析等）是：_____

知识链接

司 南

司南是中国古代辨别方向用的一种仪器，是中国古代劳动人民在长期的实践中对物体磁性认识的发明。据《古矿录》记载，司南最早出现于战国时期的河北磁山一带。据近代考古学家猜测，司南是用天然磁铁矿石琢成一个勺形的东西，放在一

个光滑的盘上，盘上刻着方位，利用磁铁指南的作用，可以辨别方向。目前发现的唯一一件实物在四川成都。是现在所用指南针的始祖。据1982年3月《光明日报》报道：磁山（在今河北省邯郸市武安）是我国四大发明之一指南针的发源地。

探究学习

1. 磁场探究

◆ 地球有磁场指南针才能发挥作用。下列说法正确的项是（多选）(　　　)

A. 地球中心是一团非常热的岩浆，像河流和海流一样不停地奔流。但是这团热核心旋转的速率和它外表地壳的速率不同，因此产生了磁场。

B. 所有的磁场都有两极，分别称为北极磁和南极磁。地球的南北磁极靠近地理上的南北极，但并不与南北极重叠。

C. 当两个磁极的北极端彼此靠近，会有排斥现象，南极端的反应也一样，而北极的一端却会吸引磁铁的南极端，反之亦然。

D. 磁铁拥有"同极相斥，异极相吸"的特征，正是指南针运作的原理。

◆ 下列人物（从左至右为郦道元、徐霞客、郑成功、麦哲伦）需要使用罗盘（指南针）吗？为什么？

◆ 互动反馈

在"磁场探究"活动中，我们小组的主要分歧是哪个问题，最后怎么解决的？

2．制作指南针

◆ 准备材料。

可以用关键词"指南针制作"在网上搜索，看看制作指南针需要些什么材料。比如：硬纸板、大头针、回形针、吸铁石、剪刀、双面胶、透明胶、圆规等。我们准备的材料是：＿＿＿

◆ 制作过程如下（先做什么，后做什么，按顺序记录）。

＿＿

◆ 下面右边方框内是我们小组的作品（画或贴照片）。

第一单元　地球知识

◆ 互动反馈

通过与别的小组对比，双方指南针的优缺点是（材料、外观和实用性）：_____

_____

_____

 知识链接 ··

北斗卫星导航系统

中国北斗卫星导航系统（BeiDou Navigation Satellite System，BDS）是中国自行研制的全球卫星导航系统，是继美国全球定位系统（GPS）、俄罗斯格洛纳斯卫星导航系统（GLONASS）之后第三个成熟的卫星导航系统。北斗卫星导航系统（BDS）和美国 GPS、俄罗斯 GLONASS、欧盟 GALILEO，是联合国卫星导航委员会已认定的供应商。

北斗卫星导航系统由空间段、地面段和用户段三部分组成，可在全球范围内全天候、全天时为各类用户提供高精度、高可靠定位、导航、授时服务，并具短报文通信能力，已经初步具备区域导航、定位和授时能力，定位精度 10 米，测速精度 0.2 米/秒，授时精度 10 纳秒。

2020 年 6 月 23 日 9 时 43 分，我国在西昌卫星发射中心用长征三号乙运载火箭，成功发射北斗系统第 55 颗导航卫星暨北斗三号最后一颗全球组网卫星，至此，北斗三号全球卫星导航系统星座部署比原计划提前半年全面完成。

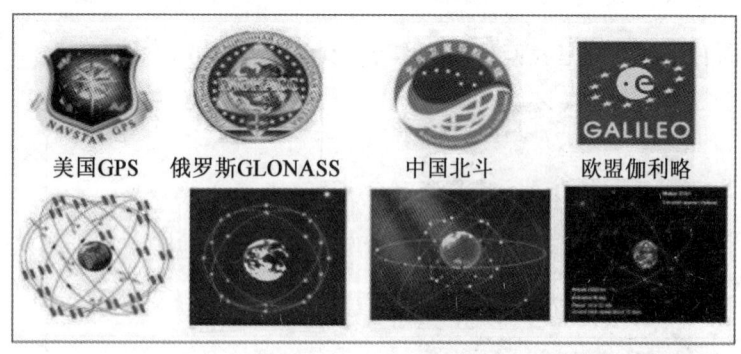

🌐 **探究学习**

1. 北斗系统探究

北斗系统由空间段、地面段和用户段三部分组成。

◆ 空间段由哪些卫星组成？

_____

◆ 地面段由哪些站组成？

_____

◆ 用户段包括哪些产品？

_____

2. 亲子活动：导航探究

北斗卫星导航系统 App 是一款免费的私人定位导航服务软件。北斗卫星导航系统 App 支持手机北斗卫星导航、手机导航定位、地图查询等功能，为用户提供专业、精准的定位导航服务。同时，北斗卫星导航系统 App 还能监测道路拥堵情况，让你选择合适的出行路线，对用户的出行带来了极大的帮助，还能查询同伴的大致位置。

◆ 和家人一道，准备一部手机，看看手机里是否有北斗卫星导航 App，如果没有，可以下载安装这个 App。我们用（称谓）_____的手机进行探究。

◆ 目前国内生产的手机，都装有兼容北斗和 GPS 的双模芯片，所以，不下载北斗卫星导航 App，其实也能享受北斗卫星导航系统的服务。我们在手机的导航 App（名称）_____中设置了从家里到学校的路线，选择公交地铁、骑行、步行三种方式，看看 App 给出的三种出行方式各需多少时间。然后我们利用上学和放学的机会，验证一下乘坐公交（哪路公交车或哪号地铁）____需要____小时；骑行需要____小时；步行需要____小时。其中误差最大的是_____方式。（注意：时间要求精确到分）

◆ 互动反馈

我与_____同学就导航探究活动进行了交流，我们两人相同与不相同的感受是：_____

知识链接

嫦娥四号探测器

嫦娥四号探测器,简称"四号星",是嫦娥三号的备份星。它由着陆器与巡视器组成,巡视器命名为"玉兔二号"。2018年12月8日,嫦娥四号探测器在西昌卫星发射中心由长征三号乙运载火箭成功发射,作为世界首个在月球背面软着陆和巡视探测的航天器,其主要任务是着陆月球表面,继续更深层次、更加全面地科学探测月球地质、资源等方面的信息,完善月球的档案资料。2019年1月3日,嫦娥四号成功着陆在月球背面南极附近的艾特肯盆地。月球车"玉兔二号"到达月面开始巡视探测;同年1月11日,嫦娥四号着陆器与玉兔二号巡视器完成两器互拍,达到工程既定目标,标志着嫦娥四号任务圆满成功。

探究学习

1. 嫦娥四号探究

嫦娥四号探测器的目的地是月球背面,后续经历地月转移、近月制动、环月飞行之后,嫦娥四号探测器实现了人类首次月球背面软着陆,开展月球背面就位探测及巡视探测。

◆ 上面三张图中物品名称从左至右分别是:左图:＿＿＿＿＿＿＿＿
中图:＿＿＿＿＿＿＿＿ 右图:＿＿＿＿＿＿＿＿

◆ 左图和中图分别是谁拍摄的?
左图是＿＿＿＿＿＿＿＿拍摄的;中图是＿＿＿＿＿＿＿＿拍摄的。

◆ 20世纪50年代开始,发射到月球的探测器和轨道器有多少个?嫦娥四号首次在月球背面着陆和就位巡视，有什么意义（可从了解月球背面的特定信息和这些信息有什么用等方面思考）？

◆ 互动反馈

我们小组对嫦娥四号首次在月球背面着陆和就位巡视意义的思考，比较集中的看法是：_____

2．高程图探究

月球分为三大地体，即克里普岩地体、斜长高地岩地体、艾特肯盆地地体。前两个地体都已经被巡视探测过，只有艾特肯盆地地体没有被近距离巡视探测，此次探测在科学上应该会有很多新发现。了解月球上的地形，需要月球"高程图"。

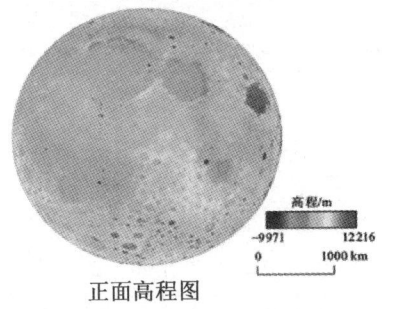

正面高程图

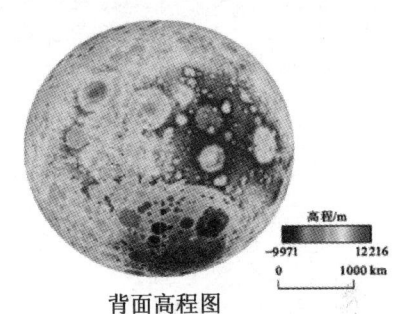

背面高程图

◆ 请想办法解释名词"高程图"。

◆ 请在上面的月球高程图上用一个小圆圈画出嫦娥四号着陆的大致地点，并说明理由：_____

◆ 比较月球正面和背面的高程图，说明月球正面和背面的地形特征。

◆ 互动反馈

我们小组对高程图了解得比较好的同学有：_____

生涯规划

地球物理学是以地球为对象的一门应用物理学，包含许多分支学科，涉及海、陆、空三界，是天文、物理、化学、地质学之间的一门边缘科学。

地球物理学专业培养具备坚实的数理基础和较系统的地球物理学基本理论、基本知识和基本技能，受到基础研究和应用基础研究的基本训练，具有较好的科学素养及初步教学、研究能力，能在科研机构、高等学校或相关的技术和行政部门从事科研、教学、技术开发和管理工作的高级专门人才。

地球物理学专业学生主要学习地球物理学方面的基本理论和基本知识，受到基础研究和应用基础研究方面的科学思维和科学实验训练，掌握地球深部构造、地震预测、地球物理工程、能源及矿产资源勘察等研究与开发的基本技能。

我国开设地球物理学专业的主要学校是：

学校名称	隶属关系	授予学士学位情况	备注
北京大学	教育部	理学学士	
同济大学	教育部	理学学士	
武汉大学	教育部	理学学士	
云南大学	教育部	理学学士	
吉林大学	教育部	理学学士	
中国科学技术大学	中国科学院	理学学士	
中国地质大学（北京）	教育部	理学学士	
中国地质大学（武汉）	教育部	理学学士	
中国石油大学	教育部	理学学士	
中国矿业大学	教育部	理学学士	

◆ 我对地球物理学专业的看法是：＿＿＿＿＿＿＿＿＿＿

◆ 互动反馈

我们小组对地球物理学专业相同和不相同的看法是：＿＿＿＿＿＿＿＿＿＿

活动评价表

评 价 内 容	自评	互评	师评
探究学习一			
能够说出波纹线表达的意思是什么			
能够说出跳伞运动员两阶段受力的情况			
能够说出登上月球表面时的质量和重力			
能够用相关的重力知识解释两张图片的情景			
探究学习二			
能够写出人造雾的过程和结果			
能够说出制作指南针需要什么材料			
能够通过媒体了解人工降雨的信息			
探究学习三			
能够写出需要使用罗盘（指南针）的人物			
能够说出指南针的制作过程			
探究学习四			
能够说出北斗系统空间段由哪些卫星组成			
能够说出北斗系统地面段由哪些站组成			
能够说出北斗系统用户段包括哪些产品			
能够与家人一道运用北斗卫星导航 App			
探究学习五			
能够说出三张图中物品的名称			
能够说出左图和中图分别是谁拍摄的			
能够说出嫦娥四号首次在月球背面着陆的意义			
能够解释名词"高程图"			
能够说明月球正面和背面的地形特征			
能够说出对地球物理学专业的看法			

评价等级：优、良、中、差

活动四　初涉地球化学

知识链接

地球化学研究什么？

地球化学主要研究地球和地质体中元素及其同位素的组成，定量地测定元素及其同位素在地球各个部分（如水圈、大气圈、生物圈、岩石圈）和地质体中的分布；研究地球表面和内部及某些天体中进行的化学作用，揭示元素及其同位素的迁移、富集和分散规律；研究地球乃至天体的化学演化，即研究地球各个部分，如大气圈、水圈、地壳、地幔、地核中和各种岩类以及各种地质体中化学元素的平衡、旋回，在时间和空间上的变化规律。

探究学习

1. 地球化学演变探究

根据地质和地球化学综合研究成果，已知迄今46亿年的地球历史中经历了几个重大的地质时期。

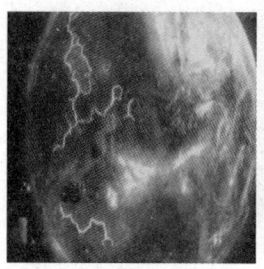   

◆ 参考图片，查找资料指出地球经历的重大的地质时期。

_____

_____

_____

◆ 查找相关资料绘制地质时代的演变简表。

地质时代演变简表

时代＼内容	开始时间	持续时间	生物发展阶段

◆ 互动反馈

我们小组对上述问题的探究意见一致和不一致的内容是：＿＿＿＿＿＿＿＿

＿＿＿＿＿＿＿＿＿＿＿＿＿＿＿＿＿＿＿＿＿＿＿＿＿＿＿＿＿＿＿＿＿＿

2．地球的平均化学成分

由于地球内部结构已高度演化，这种化学不均一性可能自地球形成以来便存在。因此没有能代表地球初始组成的直接测量样品。对地球元素丰度的估算均建立在各种模型的基础之上，包括陨石法、地球模型与陨石类比法、地球物理类比法。

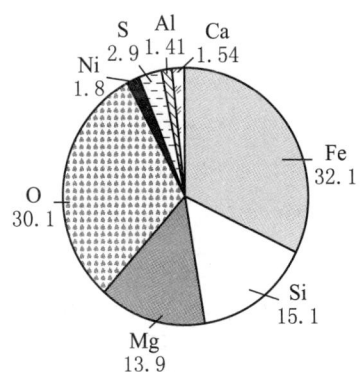
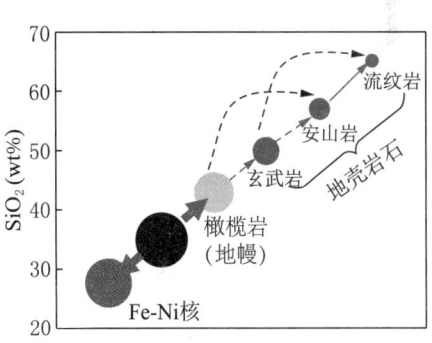

◆ 左图是地球中常见的八种元素的原子丰度（以原子百分数表示的某元素在该元素全部核素的原子总数中的分数）饼图，请将八种元素按照原子丰度从高到低的顺序排序：＿＿＿＿＿＿＿＿＿＿＿＿＿＿＿＿＿＿＿＿＿＿＿＿＿＿

◆ 地球的化学分异过程：地球形成初期主要经历了圈层的演化过程，埃尔萨瑟（Elsasser，1963）提出了地核形成的假说：原始地球形成经历一段时间后，在其内部大约几百千米深度温度达到了金属铁的熔点，游离铁发生熔融并逐渐汇聚成液态铁层。由于液态铁的密度大于硅酸盐，液态铁就向地球的中心下沉，形成地核。在熔铁向中心不对称下沉时，导致较轻的硅酸盐不对称上升和遭受部分熔融，部分熔融的物质上升并形成地壳。

1. 选择题

◆ 依据资料内容回答：_____是三大层圈中最年轻的成员。

A. 地核　　　　　　　　B. 地幔　　　　　　　　C. 地壳

2. 固体、液体、气体之间的转化

◆ 利用生活中的物品设计以下三个实验：

（1）固体转化为液体的实验

实验仪器：_____

_____

实验过程：_____

_____

实验数据：_____

_____

实验总结：_____

_____

（2）液体转化为固体的实验

实验仪器：_____

_____

实验过程：_____

_____

实验数据：_____

_____

实验总结：_____
_____

(3) 液体转化为气体的实验

实验仪器：_____
_____

实验过程：_____
_____

实验数据：_____
_____

实验总结：_____
_____

(4) 气体转化为液体的实验

实验仪器：_____
_____

实验过程：_____
_____

实验数据：_____
_____

实验总结：_____
_____

(5) 固体转化为气体的实验

实验仪器：_____
_____

实验过程：_____
_____

实验数据：_____
_____

实验总结：_____
_____

（6）气体转化为固体的实验

实验仪器：_____
_____

实验过程：_____
_____

实验数据：_____
_____

实验总结：_____
_____

◆ 我们小组在探究这个问题时遇到的困难是：_____
_____

◆ 互动反馈

我认为在我们小组内_____同学发挥了引领作用，理由是：____
_____
_____
_____

知识链接 ···

地球的结构和组成

地震波（P波和S波）在地球内部传播速度的变化，反映出地球内部物质的密度和弹性是不均一的。这种不均一性在地球的一定深度表现为突变性质。由此得出，地球内部具有壳层结构的概念，即认为地球由表及里分为地壳、地幔和地核三个部分。界面分别为莫霍面和古登堡面。上地壳和下地壳分界面为康拉德面。上地壳又叫作硅铝层，下地壳又叫作硅镁层。

> 探究学习

莫霍面

20世纪初,克罗地亚地震学家莫霍洛维奇忽然醒悟:原来地震波就是我们探察地球内部的"超声波探测器"!地震波就是地震时发出的震波,它有横波和纵波两种,横波只能穿过固体物质,纵波却能在固体、液体和气体任一种物资中自由通行。

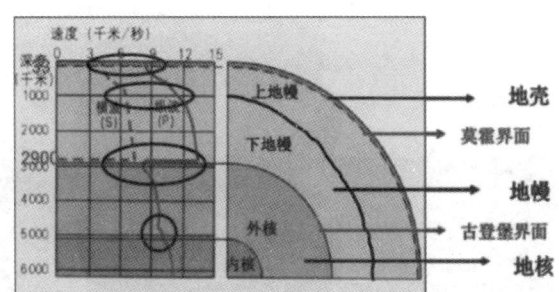

通过的物质密度大,地震波的传播速度就快,物质密度小,传播速度就慢。莫霍洛维奇发现,在地下33千米的地方,地震波的传播速度猛然加快,这表明这里的物质密度很大,物质成分也与地球表面不同。地球内部这个深度,就被称为"莫霍面"。

◆ 查找相关资料,制作包括莫霍界面和古登堡界面的地球内部构造模型。我们请来的老师是:＿＿＿＿＿＿＿＿我们的小组成员是:＿＿＿＿＿＿＿
具体分工是:＿＿＿＿＿＿＿＿＿＿＿＿＿＿＿＿＿＿＿＿＿＿＿＿＿＿＿＿＿＿
＿＿＿＿＿＿＿＿＿＿＿＿＿＿＿＿＿＿＿＿＿＿＿＿＿＿＿＿＿＿＿＿＿＿＿＿

◆ 我们准备的材料是:＿＿＿＿＿＿＿＿＿＿＿＿＿＿＿＿＿＿＿＿＿＿＿
＿＿＿＿＿＿＿＿＿＿＿＿＿＿＿＿＿＿＿＿＿＿＿＿＿＿＿＿＿＿＿＿＿＿＿＿

◆ 我们制作过程中遇到的困难是:＿＿＿＿＿＿＿＿＿＿＿＿＿＿＿＿
＿＿＿＿＿＿＿＿＿＿＿＿＿＿＿＿＿＿＿＿＿＿＿＿＿＿＿＿＿＿＿＿＿＿＿＿

◆ 互动反馈
我比较欣赏小组内＿＿＿＿＿＿同学的制作,理由是:＿＿＿＿＿＿＿＿
＿＿＿＿＿＿＿＿＿＿＿＿＿＿＿＿＿＿＿＿＿＿＿＿＿＿＿＿＿＿＿＿＿＿＿＿

知识链接

元素的地球化学迁移

地壳中的元素互相结合组成各种矿物、岩石等,对于其元素的整个历史来看,只是一个暂时的片断,它是在某个物理化学条件下,元素相对稳定、相对静止的一个暂时形式。随着地壳物质的不断运动和物理化学环境的改变,这种相对稳定性将遭到破坏,元素将以各种方式发生活化转移,早先形成的矿物、岩石及其组合将不断转变为新的矿物、新的岩石和新的组合,相应地元素也发生转移和再分配并以一种新的形式再相对稳定下来。

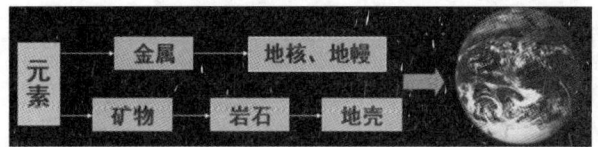

探究学习

1. 地壳中的化学元素

◆ 运用柱状图绘制地壳中主要化学元素的分布图

2. 岩石中的化学成分

◆ 设计一份上海地区常见岩石的图表。图表包括的内容：岩石的类型、岩石成因、岩石所含的化学元素、化学元素的含量。

◆ 互动反馈

我比较欣赏小组内_____同学的制作，理由是：_____

知识链接

微生物的地球化学作用

碳素循环：由于微生物的降解作用、呼吸作用、发酵作用或甲烷形成作用，使光合作用形成的有机物尽快分解、矿化和释放，从而使生物圈处于一种充好的碳平衡环境中。

氮素循环：在氮素循环的 8 个环节中，有 6 个只有通过微生物才能进行，而生物固氮作用则只有原核生物才能完成，故微生物是自然界氮素循环的核心生物。

硫素循环：微生物可以通过同化硫酸盐还原作用、脱硫作用、硫化作用、异化性硫酸盐还原作用、异化性硫还原作用参与硫素循环。

探究学习

1. 碳元素循环

◆ 温室效应与哪种气体有很大关系？

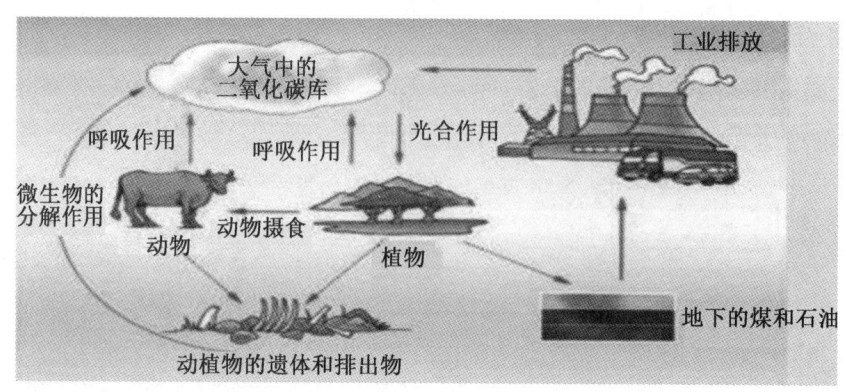

◆ 温室效应的影响有哪些？

_____

◆ 碳在生物群落内部以_____形式传递，通过_____、_____渠道进行传递；碳通过_____、_____和_____返回到无机环境；碳以_____形式从生物群落进入无机环境；碳在无机环境与生物群落之间主要是以_____的形式进行循环。

◆ 分组讨论如何缓解温室效应？

_____

_____

2．氮元素和硫元素循环

◆ 分组绘制氮元素和硫元素循环图

氮元素循环图：	硫元素循环图：

◆ 互动反馈

我比较欣赏小组内_____同学的绘制图片，理由是：_____

◆ 有人说："微生物会使人和动物患病，因而微生物对人和动物是不利的。"试从微生物作为分解者，是生态系统的组成成分之一的角度来分析这句话是否正确。

◆ 人类对微生物是如何开发、利用的？

生涯规划

　　地球化学是研究地球的化学组成、化学作用和化学演化的科学，它是地质学与化学、物理学相结合而产生和发展起来的边缘学科。自20世纪70年代中期以来，地球化学和地质学、地球物理学已成为固体地球科学的三大支柱。它的研究范围也从地球扩展到月球和太阳系的其他天体。地球化学的理论和方法，对矿产的寻找、评价和开发，农业发展和环境科学等有重要意义。地球科学基础理论的一些重大研究成果，如界限事件、洋底扩张、岩石圈演化等均与地球化学的研究有关。

　　我国开设地球化学专业的主要学校是：

学校名称	隶属关系	授予学士学位情况	备注
北京大学	教育部	理学学士	
南京大学	教育部	理学学士	
长江大学	教育部	理学学士	
西北大学	教育部	理学学士	
兰州大学	教育部	理学学士	
中国科学技术大学	中国科学院	理学学士	
中国地质大学（北京）	教育部	理学学士	
中国地质大学（武汉）	教育部	理学学士	
中国矿业大学	教育部	理学学士	

◆ 我对地球化学专业的看法是：_____

◆ 互动反馈

　　我们小组对地球化学专业相同和不相同的看法是：_____

活动评价表

评 价 内 容	自评	互评	师评
探究学习一			
能够指出地球经历的重大的地质时期			
能够绘制地质时代的演变简表			
能够表达意见一致和不一致的内容			
能够按照原子丰度排列八种元素			
能够回答三大圈层中最年轻的成员			
能够利用生活中的物品设计实验			
能够找到探究问题时遇到的困难			
能够指出组内表现优秀的同学并说明理由			
探究学习二			
能够将组内的教师和成员进行分组			
能够准备制作所需的材料			
能够指出制作过程中遇到的困难			
能够指出组内表现优秀的同学并说明理由			
探究学习三			
能够运用柱状图绘制地壳中主要化学元素			
能够设计一份上海地区常见岩石的图表			
能够指出组内表现优秀的同学并说明理由			
探究学习四			
能够写出与温室效应有关的气体			
能够指出温室效应的影响			
能够通过查找资料完成碳循环的填空题			

（续表）

评 价 内 容	自评	互评	师评
能够指出缓解温室效应的方法			
能够绘制氮元素和硫元素的循环图			
能够指出组内表现优秀的同学并说明理由			
能够从生命科学的角度分析微生物的重要性			
探究学习五			
能够指出人类对微生物的开发和利用的方法			
生涯规划			
能够说出自己对地球化学专业的看法			
能够指出组内对地球化学专业相同和不相同的看法			

评价等级：优、良、中、差

第二单元 地震知识

活动一 探索地震的相关知识

知识链接

地 震

地震又称地动、地振动,是地壳快速释放能量过程中造成的振动,其间会产生地震波的一种自然现象。地球上板块与板块之间相互挤压碰撞,造成板块边沿及板块内部产生错动和破裂,是引起地震的主要原因。

地震开始发生的地点称为震源,震源正上方的地面称为震中。破坏性地震的地面振动最烈处称为极震区,极震区往往也就是震中所在的地区。地震常常造成严重人员伤亡,能引起火灾、水灾、有毒气体泄漏、细菌及放射性物质扩散,还可能造成海啸、滑坡、崩塌、地裂缝等次生灾害。

探究学习

将等震距、震中距、震中、震源深度、震源填入下图相应位置。

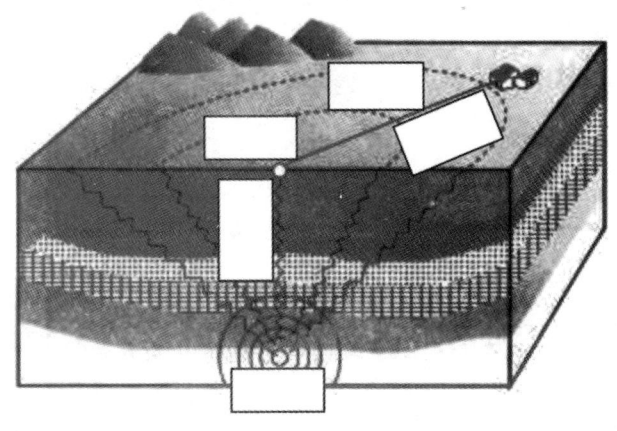

知识链接

地震类型

按成因划分

地震按成因的不同可以分为三类：天然地震、诱发地震、人工地震。其中天然地震又包括构造地震、火山地震、塌陷地震。

由于地球内部构造运动引起地下岩层错动、破裂所造成的地震称为构造地震。全球所发生的地震90%以上都属于构造地震，其破坏力也最大，造成的地震灾害也最强。

由于火山活动引起的地震称为火山地震。

因地下岩洞或矿井顶部塌陷而引起的地震称为塌陷地震。

因水库蓄水、油田开采等活动所引发的地震称为诱发地震。

人工地震是地下核爆炸、炸药爆破等人为因素引起的地面振动。

按发生位置划分

板缘地震（板块边界地震）：发生在板块边界上的地震，环太平洋地震带上绝大多数地震属于此类。

板内地震：发生在板块内部的地震，如亚欧大陆内部（包括中国）的地震多属此类。

板内地震除与板块运动有关，还要受局部地质环境的影响，其发震的原因与规律比板缘地震更复杂。

火山地震：是由火山爆发时所引起的能量冲击，而产生的地壳振动。

按震级大小划分

弱震：震级小于3级的地震；

有感地震：震级等于或大于3级、小于或等于4.5级的地震；

中强震：震级大于4.5级，小于6级的地震；

强震：震级等于或大于6级的地震，其中震级大于或等于8级的叫巨大地震。

探究学习

1. 我是一名小记者

据统计,地球上每年约发生500多万次地震,即每天要发生上万次的地震。其中绝大多数太小或太远,以至于人们感觉不到;真正能对人类造成严重危害的地震大约有十几二十次;能造成特别严重灾害的地震大约有一两次。

◆ 请查阅资料,搜索一次震级为强震的,发生在环太平洋沿岸(板缘地震)的构造地震。模仿新闻记者,编写一段播报稿,并进行播报。

播报稿:_____
_____
_____
_____
_____
_____

搜索途径(网络、杂志、书籍、报纸):_____
_____

◆ 互动反馈

我比较欣赏_____小组的新闻播报,理由是:_____
_____
_____

2. 地震震级

震级是地震大小的一种度量,根据地震释放能量的多少来划分,用"级"来表示。震级的标度最初是美国地震学家里克特(C. F. Richter)和古登堡(Gutenberg)于1935年研究加利福尼亚地方性地震时提出的,规定以震中距100千米处"标准地震仪"（或称"安德生地震仪"，周期0.8s，放大倍数2800，阻尼系数0.8）所记录的水平向最大振幅（单振幅以μm计）的常用对数为该地震的震级。后来发展为远台及非标准地震仪记录经过换算也可用来确定震级。震级分面波震级（MS）、体波震级（MB）、近震震级（ML）等不同类别，彼此之间也可以换算。用里克特的测算办法计算，到2000年已知的最大地震没有超过8.9级的；最小的地震则已可用高倍率的微震仪测到0.3级。

震级	能量（单位：尔格）	震级	能量	术语
0	6.3×10^{11}	5	2×10^{19}	尔格：能量单位。一度电（一千瓦小时）的能量为 3.6×10^{13}
1	2×10^{13}	6	6.3×10^{20}	
2	6.3×10^{14}	7	2×10^{22}	
2.5	3.55×10^{15}	8	6.3×10^{23}	
3	2×10^{16}	8.5	3.55×10^{24}	
4	6.3×10^{17}	8.9	1.4×10^{25}	

1. 选择题

◆ 震级相差一级，能量相差约（　　）倍。

　A. 10　　　　B. 32　　　C. 100

2. 烈度

◆ 搜索相关资料，烈度的概念为：_____

_____

◆ 搜索途径（网络、杂志、书籍、报纸）：_____

_____

◆ 烈度的影响因素有：_____

_____

◆ 烈度与震级的区别在于：_____

_____

_____

知识链接

地震前兆

地震前,在自然界发生的与地震有关的异常现象,我们称之为地震前兆,它包括微观前兆和宏观前兆两大类。常见的地震前兆现象有:地震活动异常、地震波速度变化、地壳变形、地下水异常变化、地下水中氡气含量或其他化学成分的变化、地应力变化、地电变化、地磁变化、重力异常、动物异常、地声、地光、地温异常等。当然,上述这些异常变化都是很复杂的,往往并不一定是由地震引起的。例如地下水位的升降就与降雨、干旱、人为抽水和灌溉有关。再如动物异常往往与天气变化、饲养条件的改变、生存条件的变化以及动物本身的生理状态变化等有关。因此,我们必须在首先识别出这些变化原因的基础上,再来考虑是否与地震有关。

探究学习

1. 宏观前兆

人的感官能直接觉察到的地震前兆称为地震的宏观前兆,简称宏观前兆。比较常见的有,井水陡涨陡落、变色变味、翻花冒泡、温度升降,泉水流量的突然变化,温泉水温的突然变化,动物的习性异常,临震前的地声和地光等。

其中动物异常是震前征兆的普遍现象,由于不同动物的生活习性和敏感程度的差异,所反映的异常状态和特征也不一样。如隆冬季节数百条毒蛇出"洞"或"自寻短见",成千上万只青蛙携幼搬迁,离开震中数百米等。由于地震宏观前兆的特征突出,与老百姓的日常生活密切相关,并相对易于发现,因此是在大地震群测群防中最适合普及的方法。

◆ 小组合作,查阅相关资料,列举几个地震前有明显宏观前兆的地震,并作出简单介绍。

◆ 以下动物，地震前的异常表现有哪些？

牛、马、驴、骡：_____

猪：_____

羊：_____

狗：_____

猫：_____

鱼：_____

◆ 除上述动物外，还有哪些动物地震前会有异常表现？具体表现有哪些？

_____

_____

_____

◆ 互动反馈

其他小组的交流中，我觉得比较有特点的动物异常表现有哪些？

_____

_____

_____

2. 微观前兆

人的感官无法觉察，只有用专门的仪器才能测量到的地震前兆称为地震的微观前兆，简称微观前兆，主要包括以下几类：

地震活动异常：大小地震之间有一定的关系。大地震虽然不多，中小地震却不少，研究中小地震活动的特点，有可能帮助人们预测未来大震的发生。

地形变化异常：大地震发生前，震中附近地区的地壳可能发生微小的形变，某些断层两侧的岩层可能出现微小的位移，借助于精密的仪器，可以测出这种十分微弱的变化，分析这些资料，可以帮助人们预测未来大震的发生。

地球物理变化：在地震孕育过程中，震源区及其周围岩石的物理性质可能出现一些变化，利用精密仪器测定不同地区重力、地电和地磁的变化，也可以帮助人们预测地震。

地下流体的变化：地下水（井水、泉水、地下层中所含的水）、石油和天然气、地下岩层中还可能产和贮存一些其他气体，这些都是地下流体。用仪器测地下流体的化学成分和某些物理量，研究它们的变化可以帮助人们预测地震。

◆ 请查阅相关资料，搜集地震微观前兆的实例。

例：地下流体的变化：1974 年 4 月 22 日，江苏溧阳发生了 5.5 级地震，据前马村村民介绍，在地震发生的前五天左右，该村的一口井的井水突然变黄，随后更是越来越黄，还开始冒气泡，他们不知为什么，都不敢再饮用井水，有的人家还因此几天没有做饭吃。地震的当天，井水更是突然上升和翻腾，散发出一种难闻的气味。震后的第二天，一切又恢复了正常。

_____
_____
_____
_____
_____
_____
_____

资料搜索途径为：_____
_____

知识链接

地震监测

地震监测是指在地震发生前后，对地震前兆异常和地震活动的监视、测量。地震监测主要有几种划分方法，一种是专业与群众之分，指专业的地震台站和一些群测点，前者主要用监测仪器，如水位仪、地震仪、电磁波测量仪等，用来监测地震微观前兆信息；后者则主要靠浅水井、水温、动植物活动异常等手段，来观察地震前的宏观异常现象。

探究学习

地动仪

地动仪是中国东汉科学家张衡创造的传世杰作。

地动仪有八个方位，它们分别是东、南、西、北、东南、西南、东北、西北，每个方位上均有口含龙珠的龙头，在每条龙头的下方都有一只蟾蜍与其对应。任何一方如有地震发生，该方向龙口所含龙珠即落入蟾蜍口中，由此便可测出发生地震的方向。

◆ 动手操作

以小组为单位，到地震馆进行模拟操作，我的体验是：_____

_____

◆ 张衡所处的东汉时代，地震比较频繁。张衡对地震有不少亲身体验，为了掌握全国地震动态，他经过长年研究，终于在阳嘉元年（公元132年）发明了候风地动仪——世界上第一架地震仪。但由于历史久远张衡地动仪已经失传，没有留下实物与图样，只留下一些简略的文字记载。但近年来，张衡地动仪屡遭质疑。

请你搜索相关资料，为张衡地动仪正名。

_____

_____

资料搜索途径为：_____

◆ 互动反馈

其他小组的交流中，说服我的理由有哪些？

_____

_____

知识链接

地震预报

地震的中长期预报是指地震中期预报和地震长期预报。对某地几年至几十年甚至上百年内可能发生的地震作出预报,叫作地震长期预报。对某地几个月至几年内可能发生的地震作出预报,叫作地震中期预报。对某地几天至几十天甚至几个月内可能发生的地震作出预报,叫作地震短期预报。对某地几小时至几天内可能发生的地震作出预报,叫作临震预报。

地震中长期预报,特别是地震长期预报,主要目的是预测出可能发生的地震的地区、时间范围和可能发生的最大地震烈度,并作出某一地区的地震趋势分析。

短期预报,特别是临震预报,要求迅速、及时、准确地确定发震的地点、时间和震级,以便在强烈地震到来之前,采取必要的坚决的预防措施。

短期预报要以中长期预报为基础,而临震预报又是在短期预报的基础上进行的。不过,地震预报工作一环扣一环,要严格区分开也是不可能的。

探究学习

◆ 我国地震专家认为,地震是有前兆的,对于一些地震是可以作出预报的。目前,我国对中长期地震的预报已比较准确,在短临预报方面也取得了多次预报成功的实例。

请搜索资料,收集我国临震预报成功的实例。

_____

_____

_____

资料搜索途径为:_____

_____

活动评价表

评 价 内 容	目标	互评	师评
探究学习一			
能够将震距等名称填入相应位置			
探究学习二			
能够编写播报稿并进行播报			
能够说出播报稿搜索途径			
能够说出欣赏哪组新闻播报，并阐述理由			
能够结合所学知识完成选择题			
能够正确阐述烈度的概念			
能够说出资料的搜索途径			
能够归纳烈度的影响因素			
能够说出烈度与震级的区别			
探究学习三			
能够列举有宏观前兆的地震			
能够说出各动物地震前的异常表现			
能够说出其他小组吸引你的地方			
能够介绍地震微观前兆的实例			
能够说出资料的搜索途径			
探究学习四			
能够准确操作地动仪			
能够搜索相关资料，为张衡地动仪正名			
能够说出资料的搜索途径			
能够说出其他小组说服我的依据			
探究学习五			
能够说出我国临震预报成功实例			
能够说出资料的搜索途径			

评价等级：优、良、中、差

活动二　探索地震带

知识链接

地震带

根据全球构造板块学说，地壳被一些构造活动带分割为彼此相对运动的板块，板块当中有的块大，有的块小。大的板块有六个，它们是：太平洋板块、亚欧板块、非洲板块、美洲板块、印度洋板块和南极洲板块。全球大部分地震发生在大板块的交界处，一部分发生在板块内部的活动断裂上。

地震带是指地震集中分布，且呈有规律的带状的地区。地球上主要有三处地震带——环太平洋火山、欧亚、洋脊地震带。地震带基本上在板块交界处，在地震带内震中密集，在带外的地震分布零散。地震带常与一定的地震构造相联系。

探究学习

查阅环太平洋火山地震带、地中海—喜马拉雅地震带的分布，在方框内画出大洋海岭地震带的简略图。

◆ 互动反馈

我比较欣赏＿＿＿＿小组画的地震带分布图，理由是：＿＿＿＿＿＿

＿＿＿＿＿＿＿＿＿＿＿＿＿＿＿＿＿＿＿＿＿＿＿＿＿＿＿＿＿＿＿＿

用已学知识，试分析全球大部分地震发生在大板块的交界处的原因。

＿＿＿＿＿＿＿＿＿＿＿＿＿＿＿＿＿＿＿＿＿＿＿＿＿＿＿＿＿＿＿＿

 知识链接

环太平洋火山地震带

环太平洋地震带是全球规模最大的地震活动带，这条地震带集中了世界上80%的地震，集中了全世界80%以上的浅源地震（0～70千米）、90%的中源地震（70～300千米）和几乎全部的深源地震（300～700千米），其释放的地震能量占全球地震总能量的80%，是大多数灾难性地震和全球8级以上巨大地震的主要发震地带，环绕太平洋一周，也把大陆和海洋分割开来。

探究学习

1. 2005年3月28日，印度尼西亚发生了一次强烈地震，请搜索相关资料并记录。

＿＿＿＿＿＿＿＿＿＿＿＿＿＿＿＿＿＿＿＿＿＿＿＿＿＿＿＿＿＿＿＿

资料搜索途径为：＿＿＿＿＿＿＿＿＿＿＿＿＿＿＿＿＿＿＿＿＿＿＿

2. 除2005年印尼发生的强烈地震外，近年来，环太平洋火山地震带上还发生了多次强震，请挑选三次你印象最深刻的强震，仿照唐山大地震的简介，做简单介绍。

例：1976年7月28日，中国河北省唐山丰南一带（东经118.2°，北纬39.6°）发生了强度里氏7.8级地震，震中烈度11度，震源深度12千米，地震持续约23秒。地震造成242769人死亡，164851人重伤，位列20世纪世界地震史死亡人数第二，仅次于海原地震。

强震 1：_____
_____

强震 2：_____
_____

强震 3：_____
_____

◆ 根据上述地震介绍，归纳介绍要素有：_____
_____

◆ 搜索途径（网络、杂志、书籍、报纸）有：_____
_____

◆ 互动反馈
　　　　　　_____小组介绍的地震使我印象深刻，理由是：_____
_____

3．日本抗震经验与启示

地震频发的日本被公认为世界第一的抗震强国。众所周知，日本虽然处于地震带，但就算地震袭来，也很少会出现大面积房屋倒塌的情况，这和日本的建房工艺及材料选用是密不可分的。

目前日本的建筑，在抗震方面基本上分为三类。一是耐震结构、二是制震结构、三是免震结构。所谓的耐震构造，其最主要的原理就是提高柱子和墙壁的强度和韧度，建筑物总体经得住震动，目前日本大多采用这种结构。而免震结构和制震结构则为新兴的技术。

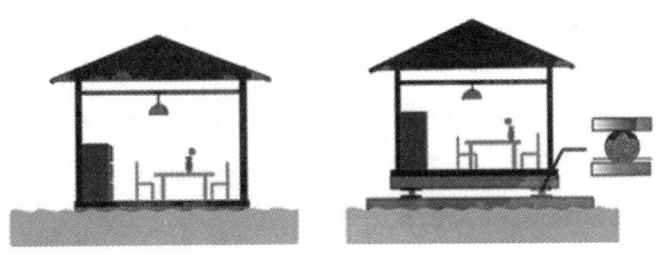

未采取抗震措施 vs 采取抗震措施

耐震属于最普通级别，主要用在低层建筑中。制震则是让建筑物在地震晃动中，集中在一个地方造成损害，但其他地方不会发生损毁。其中一种做法是在建筑物中放置各种球体，让其吸收地震能量，确保建筑其他地方不会发生问题。

材料方面，砖结构建筑在日本几乎不再被使用，取而代之的是辅以轻型墙面材料的钢筋混凝土结构。这种结构的建筑既安全抗震，又节省能源。

另外，日本房屋建筑中普遍使用的新型材料的共同特征是质量轻、强度高，比如树脂、加气混凝土、碳纤维，即便倒塌坠落，也不会对人体造成严重伤害，而且安装方便，盖房子跟搭积木一样轻松。

◆ 如果你是建筑师，请设计一栋既舒适、抗震性能又好的房屋，将房屋外观设计图及设计思想、所用材料写明。

◆ 设计思想：_____

所用材料：_____

◆ 我最欣赏_____组的房屋设计，原因是（房屋美观性、实用程度、抗震性能、环保等方面）：_____

知识链接

洋脊地震

洋脊地震又称大洋中脊轴部地震，故又称活动海岭。地震分布在中脊轴部或中央裂谷，也分布在脊轴之间的断裂带活动段落，它们构成大洋中脊地震带。震级一般不大，为浅源地震，震源机制显示为垂直于中脊走向的引张作用。发生在洋脊或大陆裂谷带上的地震，以正断层为主。

此外，大陆内部还有一些分布范围相对较小的地震带，如东非裂谷地震带。我国邻近环太平洋地震带和地中海—印度尼西亚地震带的交接地区，地震频繁。历史上以及近期都发生过破坏性地震。如1966年邢台地震，1973年甘孜地震，1974年海城营口地震，1975年溧阳地震、炉霍和道孚地震，1976年唐山地震和云南昭通地震，1977年溧阳地震。这些地震除发生在溧阳的两次地震略低于7级外，其余均在7级以上。

探究学习

1. 查阅"世界地图"等相关资料，在下面画出东非大裂谷及地中海—印度尼西亚地震带的简略图。

2. 逃离地震带

环太平洋地震带是全球规模最大的地震活动带,这条地震带集中了世界上 80% 的地震,地震带上的人民生命财产受到了很大的影响。如果由你来组织一次大撤离,带领环太平洋地震带上的人民逃离地震带,你会带他们逃离到哪里?为什么?(提示:可从地质构造、气候、地形、政治等方面考虑)

_____
_____
_____
_____
_____
_____
_____
_____

如果撤离到其他星球,你会选择哪里?可行之处是什么?可能遇到的问题有哪些?

_____
_____
_____
_____
_____
_____
_____
_____
_____
_____
_____

活动评价表

评 价 内 容	目标	互评	师评
探究学习一			
能够在板块构造图中准确标出地震带位置			
能够说出欣赏的小组，并阐述理由			
能够说出地震分布在板块交界处的原因			
探究学习二			
能够简单介绍 2005 年发生的印度尼西亚地震			
能够说出资料搜索途径			
能够介绍印象深刻的三次强震			
能够归纳介绍地震的要素			
能够说出资料搜索途径			
能够说出令你印象深刻的小组介绍，并说明理由			
能够在板块构造分布图中用符号标出所介绍地震的发生位置			
能够设计既舒适、抗震性能又好的房屋			
能够简单阐述设计思想			
能够说出欣赏的小组设计，并说明理由			
探究学习三			
能够在世界地图中标出裂谷及地震带			
能够说出撤离的地点，并阐明理由			
能够说出撤离的星球，并阐明理由			

评价等级：优、良、中、差

活动三　探索地震预警

知识链接

地震前兆

人的感官能直接觉察到的地震异常现象称为地震的宏观异常。地震宏观异常的表现形式多样且复杂，异常的种类多达几百种，异常的现象多达几千种，大体可分为：地下水异常、生物异常、地声异常、地光异常、电磁异常、气象异常等。

1. 地下水异常

地下水包括井水、泉水等。主要异常有发浑、冒泡、翻花、升温、变色、变味、突升、突降、井孔变形、泉源突然枯竭或涌出等。人们总结了震前井水变化的谚语：

● 天旱井水冒，反常升降有门道。　　● 喷气又发响，翻花冒气泡。　　● 无雨水变浑，变色变味又难闻。

井水是个宝，地震有前兆。无雨泉水浑，天干井水冒。

水位升降大，翻花冒气泡。有的变颜色，有的变味道。

2. 生物异常

许多动物的某些器官感觉特别灵敏，它能比人类提前知道一些灾害事件的发生。动物异常的种类很多，有大牲畜、家禽、穴居动物、冬眠动物、鱼类等。动物反常的情形，人们也有几句顺口溜总结得好：

震前动物有预兆，群测群防很重要。
牛羊骡马不进厩，猪不吃食狗乱咬。
鸭不下水岸上闹，鸡飞上树高声叫。
冰天雪地蛇出洞，大鼠叼着小鼠跑。
兔子竖耳蹦又撞，鱼跃水面惶惶跳。
蜜蜂群迁闹哄哄，鸽子惊飞不回巢。

除此之外，有些植物在震前也有异常反应，如不适季节的发芽、开花、结果或大面积枯萎与异常繁茂等。

3. 气象异常

地震之前，气象也常常出现反常。主要有震前闷热，人焦灼烦躁，久旱不雨或霪雨绵绵，黄雾四塞，日光晦暗，怪风狂起，六月冰雹等。

探究学习

1. 判断对错（对的画✓，错的画✗）

◆ 宏观前兆是人的感官能觉察到的地震前兆，它们大多在临近地震发生时出现。（　　）

◆ 微观前兆是人的感官不易觉察，须用仪器才能测量到的震前变化。（　　）

2. 出现地震前兆（比如水井中的水变浑浊、有异味、变颜色），＿＿＿＿＿＿（能／不能）推断地震一定要到来，请说明理由：＿＿＿＿＿＿＿＿＿＿＿＿

＿＿＿＿＿＿＿＿＿＿＿＿＿＿＿＿＿＿＿＿＿＿＿＿＿＿＿＿＿＿＿＿＿＿＿

＿＿＿＿＿＿＿＿＿＿＿＿＿＿＿＿＿＿＿＿＿＿＿＿＿＿＿＿＿＿＿＿＿＿＿

＿＿＿＿＿＿＿＿＿＿＿＿＿＿＿＿＿＿＿＿＿＿＿＿＿＿＿＿＿＿＿＿＿＿＿

＿＿＿＿＿＿＿＿＿＿＿＿＿＿＿＿＿＿＿＿＿＿＿＿＿＿＿＿＿＿＿＿＿＿＿

3. 地震宏观异常的表现形式多样且复杂，除了知识链接中讲到的地下水异常、生物异常、气象异常，还有哪些异常？请查阅资料，填写表格。

地震前兆	解　　释	应　　用
电磁异常	电磁异常指地震前家用电器如收音机、电视机、日光灯等出现的异常。最为常见的电磁异常是收音机失灵，在北方地区日光灯在震前自明也较为常见。	如：1976年7月28日唐山7.8级地震前几天，唐山及其邻区很多收音机失灵，声音忽大忽小，时有时无，调频不准，有时连续出现噪音。

◆ 我们小组在探究这个问题时遇到的困难是：_____
解决办法是：_____

◆ 互动反馈
我认为在我们小组内_____同学发挥了引领作用，理由是：_____

知识链接

地震预警——张衡与地动仪

张衡

中国东汉科学家，字平子，南阳西鄂（今河南省南阳市石桥镇）人。早年在家发奋苦读，17岁去长安和洛阳一带游历，参观太学，求师访友。永元十二年（公元100年）出任南阳太守的主簿。永初五年（公元111年）赴京都任郎中和尚书侍郎，并曾两度担任太史令。晚年曾任河间相、尚书等职。在天文学、地震学、机械制造、数学、文学、绘画等方面均有很高造诣。

候风地动仪

世界上第一架测验地震的仪器是中国东汉时期天文学家张衡于汉顺帝阳嘉元年（公元132年）制成的候风地动仪。

据史书《五行志》记载，公元92年以后，几乎连年发生地震，地震地区大至数十郡，地裂地陷，江河泛滥，房屋倒塌。张衡鉴于地震的频繁，创造了候风地动仪，以测定地震的方位。

探究学习

1. 请查找资料，描述地动仪的结构组成
   ◆ 世界上第一台地动仪是_____发明的。
   ◆ 你查阅了什么资料，在哪里查的？
   _____

   ◆ 地动仪的结构组成是：_____
   _____
   _____

   ◆ 同桌写的地动仪组成是：_____
   _____
   _____

   ◆ 互动反馈
   我认为在这个探究活动中，我们小组内_____同学表现最佳，理由是：
   _____
   _____

2. 地动仪与地震预测
   ◆ 地动仪是如何预测地震的？
   _____
   _____

   ◆ 历史记载中，地动仪有没有成功预测地震，是哪次？
   _____
   _____

   ◆ 互动反馈
   我认为在探究这个问题时，遇到的最大困难是：_____
   解决的方法是：_____

知识链接

地震预警

"地震预警"是指突发性大震已发生、抢在严重灾害尚未形成之前发出警告并采取措施的行动,抢在地震波传播到设防地区前,向设防地区提前几秒至数十秒发出警报,以减小当地的损失,也称作"震时预警"。

地震预警系统是指实现地震预警的配套设施。按照系统响应的顺序可包括:地震监测台网、地震参数快速判测系统、警报信息快速发布系统和预警信息接收终端。整套系统的特点是高度集成、实时监控、飞速响应,尤其是飞速响应这一点至关重要;因为地震预警系统其实就是在和地震波赛跑,多跑赢一秒,就能多获得一秒的应对时间,用分秒必争来形容最为恰当不过。

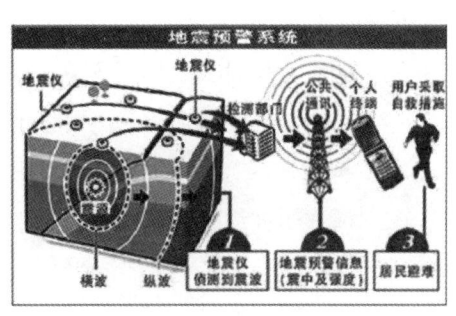

地震预警系统的工作原理就在于可以探测到地震发生最初时发射出来的无破坏性的地震波(纵波即 P-波),而破坏性的地震波(横波即 S-波)由于传播速度相对较慢则会延后 10～30 秒到达地表。深入地下的地震探测仪器检测到纵波(P-波)后传给计算机,即刻计算出震级、烈度、震源、震中位,于是预警系统抢先在横波(S-波)到达地面前 10～30 秒通过电视和广播发出警报。并且,由于电磁波比地震波传播得更快,预警也可能赶在 P 波之前到达。

当地震发生后,离震中最近的几个预警台站会陆续接收到地震信号,触发地震

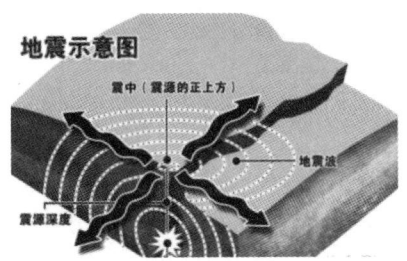

参数快速判测系统;在收到信号的几秒至十几秒内,快速判测系统将估算出地震的发震时刻、发震位置、震源的类型和震级的大小;然后利用这些参数模拟出相关区域内地面运动的强烈程度;根据模拟的结果,抢在相应地震波以前,向不同地区发出相应的预警信息。

探究学习

1. 判断对错（正确的画√，错误的画×）

◆ 地震预警就是地震预报，在地震未发生前作出的预报。（　　）

◆ "地震预警"是指突发性大震已发生、抢在严重灾害尚未形成之前发出警告并采取措施的行动，抢在地震波传播到设防地区前，向设防地区提前几秒至数十秒发出警报。（　　）

2. 地震发生时，人们最先感受到的地震波是（　　）。

A. 纵波　　　　　　　　B. 横波

C. 面波　　　　　　　　D. 纵波与横波同时感受到

3. 请你图文结合说出地震预警的原理。

4. 地震预警有何意义？

5. 互动反馈

我认为在这个探究活动中，我们小组内_____同学表现最棒，理由是：_____

知识链接

地震预警发挥作用的前提

地震预警发挥作用的前提是公众熟知逃生技巧和避险知识。

对人类目前难以预知的地震灾难,公众平常应该有所准备。"遇到地震时,在高层建筑中、火车上、超市里或者正在开车,你该怎么做?这些逃生技巧和避险常识我们平常就应该有所了解。如果你不了解这些信息,地震预警信息发出后,可能带来更多恐慌。"

所以在加快地震预警系统建设的同时,加强防灾教育至关重要。作为地震多发国家,防灾教育渗透到方方面面,从小学阶段就有相关课程,从而让地震预警系统建成后迅速发挥作用。

探究学习

◆ 在你接到地震预警系统的通知后,你有10秒的应急避难时间,假如你在(商场购物、教室上课、户外野餐)等场景中,你会如何避难?

1. 我们请来的指导老师是:＿＿＿＿＿＿＿＿＿＿＿＿＿＿＿＿

2. 我们的小组成员是:＿＿＿＿＿＿＿＿＿＿＿＿＿＿＿＿＿

3. 具体分工是:＿＿＿＿＿＿＿＿＿＿＿＿＿＿＿＿＿＿＿＿

4. 我们选择模拟的场景是:＿＿＿＿＿＿＿＿＿＿＿＿＿＿＿

5. 我们选择的避险方式有:＿＿＿＿＿＿＿＿＿＿＿＿＿＿＿

6. 我们的模拟效果,好的方面:＿＿＿＿＿＿＿＿＿＿＿＿＿

不足之处:＿＿＿＿＿＿＿＿＿＿＿＿＿＿＿＿＿＿＿＿＿＿

我们的改进措施是:＿＿＿＿＿＿＿＿＿＿＿＿＿＿＿＿＿＿

◆ 互动反馈

在这次探究活动中,＿＿＿＿＿＿＿同学最值得点赞,理由(善于制订方案、善于分析总结等)是:＿＿＿

活动评价表

评 价 内 容	自评	互评	师评
探究学习一			
知道地震的前兆，但是出现前兆，未必一定发生地震			
能够列举出其他类型的地震前兆			
在遇到困难时，能够想出解决办法并解决困难			
能够发现最棒的同学并说明理由			
探究学习二			
能够说出查阅资料的出处			
描述地动仪的结构特点			
能够说出地动仪是如何工作的			
能够查阅资料，说出地动仪成功预测的地震			
在遇到困难时，能够想出解决办法并解决困难			
探究学习三			
能够判断地震预警的描述对错			
能够图文结合描述地震预警的原理			
知道地震预警的意义			
能够发现起引领作用的同学并说明理由			
探究学习四			
能够请到指导教师			
组员能够进行合理分工			
能够根据场景选择避险方式			
能够总结本次模拟活动，找出优点和不足，并提出改进措施			
能够找出点赞的同学，并说明理由			

评价等级：优、良、中、差

活动四　探索地震次生灾害

知识链接

地震次生灾害

地震次生灾害指强烈地震发生后，自然以及社会原有的状态被破坏，造成的山体滑坡、泥石流、水灾、瘟疫、火灾、爆炸、毒气泄漏、放射性物质扩散对生命产生威胁等一系列的因地震引起的灾害，统称为地震次生灾害。

地震次生灾害按成因类别可分为：①物理性次生灾害。大部分次生灾害都属于这一类，如火灾、滑坡、海啸等灾害。②心理性次生灾害。如"盲目避震""盲目搭建防震棚"灾害等。

地震次生灾害按地区类别可分为：城市（包括人口密集地区）次生灾害、山区次生灾害、沿海地区次生灾害、水域次生灾害。

地震发生后，可能引起火灾、毒气污染、细菌污染、放射性污染、滑坡和泥石流、水灾，沿海地区可能遭受海啸的袭击。冬天发生的地震容易引起冻灾。夏天发生的地震，由于人畜尸体来不及处理及环境条件的恶化，可能引起环境污染和瘟疫流行。另外，震时有的人跳楼，公共场所的群众蜂拥外逃可造成称为"盲目避震"的摔、挤、踩等伤亡。大地震后由于人们的恐震心理、地震谣传或误传，还可能出现不分时间、不分地区"盲目搭建防震棚"灾害。随着生产力的发展，一些新的次生灾害也可能出现，如高层建筑玻璃损坏造成的"玻璃雨"灾害，信息储存系统破坏引起的称为"记忆毁坏"灾害等。

探究学习

1. 选择

◆ 从历次大地震看，在城市造成最严重、最普遍的次生灾害是（　　　）

A. 毒气污染　　　　　　　B. 交通瘫痪

C. 停电、断水　　　　　　D. 火灾

◆ 地震引起的次生灾害主要有（   ）

A. 放射性污染　　　　　　　B. 海啸

C. 毒气泄漏　　　　　　　　D. 瘟疫

◆ 地震是自然界最凶恶的敌人，它所造成的直接灾害有（   ）

A. 建筑物的倒塌　　　　　　B. 火灾、水灾、海啸

C. 瘟疫　　　　　　　　　　D. 地面破坏

◆ 下列哪些工程属于可能发生严重次生灾害的建设工程（   ）

A. 核电站、核反应堆、核供热装置、核废料处理工程

B. 易燃、易爆、易腐蚀、易污染物质的大中型实验、检验和仓储等工程

C. 研究中、试生产和存放剧毒生物制品和天然人工细菌与病毒（如鼠疫、霍乱、"非典"等）建筑

D. 大中型炼油、化工及石油化工、化纤等工程

◆ 本次探究活动，_____同学的正确率最高，我发现他通过_____
_____获得正确答案。

2. 请搜索资料，了解汶川大地震中所发生的次生灾害。

次生灾害类别	举　　例

◆ 互动反馈

在这次探究活动中，_____同学最值得点赞，理由（善于搜集资料、善于分析等）是：_____

知识链接

次生灾害——火灾

火灾是次生灾害中最常见、最严重的次生灾害。地震后火灾产生的原因主要有：

1. 炉火引起火灾。炉火包括民用炉火和工商业用炉火。由于地震震动，炉具倾倒、损坏引起火灾。目前，该类火灾在我国占主要比例。

2. 电气设施损坏引起火灾。强烈地震时，电气线路和设备都有可能损坏或产生故障，有时还会发生电弧，引起易燃物质的燃烧，产生火灾。

3. 化学制剂的化学反应引起火灾。化验室、实验室、化学仓库里的化学品剂品种多、性质复杂。强烈地震时，各种品剂产生碰撞或掉在地上，容器或包装破坏，化学品剂脱出或流出。有的在空气中可自燃，有些性质不同的品剂混在一起而产生化学反应，引起燃烧或爆炸。

4. 高温高压生产工序的爆炸和燃烧。有些生产工序，特别是化工生产中的聚合、合成、磷化、氧化、还原等工序，一般都具有放热反应和高温高压的特点，极易产生爆炸和燃烧。由于地震时往往停电、停水，正在进行生产的工序，由于停电造成停止搅拌和失去冷却水的控制，温度和压力骤然上升，当超过反应容器耐温耐压极限时，就可产生爆炸和燃烧。

5. 易燃、易爆物质的燃烧和爆炸。易燃易爆物质有气体、液体和固体三种。主要有天然气、煤气、沼气、乙炔气、石油类产品、酒类产品、火柴、弹药等。地震时，盛装上列物质的容器可能损坏，物品脱出或泄出，如遇火源，即可起火。有些物质，如火柴、弹药，怕碰撞。地震时，由于撞击和摩擦，这些物品可产生爆炸和燃烧。有些液体，如石油，地震时油管或容器的损坏，液体的高速流动，产生很高静电，在喷入空间时，与某种接地体之间形成很高的电位差，引起集中放电，引燃液体形成爆炸。该类火灾往往规模大，损失严重。

6. 烟囱损坏。强烈地震对烟囱的破坏是很大的，由于烟囱破坏，烟火很容易冒出炉外引起火灾。

7. 防震棚火灾。防震棚火灾是震区的一种较普遍的火灾，其产生原因有两个方面。一方面，防震棚多是简易临时建筑，搭建很快，很少考虑安全防火措施。建筑材料一般为笆、苇箔、油毡及塑料布等易燃材料。防震棚内空间小，各种物品靠得很紧，火种易于传播。防震棚密度很大，消防通道狭窄，又没有必要的消防器材和设备，一旦着火，不易扑灭，易形成"火烧连营"，造成重大损失。另一方面，主要是人们缺乏防火知识，思想麻痹，用火不慎造成的。

探究学习

1. 地震次生灾害中，那种灾害最严重（　　）

   A. 火灾　　　B. 水灾　　　C. 传染病　　　D. 滑坡和泥石流

2. 地震火灾是怎么引起的？

   _____

   _____

   _____

   _____

3. 我国历史上最严重地震火灾发生在何时？何地？情况如何？

   ◆ 你在哪里搜索的资料？

   ◆ 何时：_____

   ◆ 何地：_____

   ◆ 情况如何：_____

   _____

   _____

   ◆ 互动反馈

   在这次探究活动中，_____同学最值得点赞，理由（善于搜集资料、善于分析等）是：_____

   _____

知识链接

次生灾害——毒气、细菌、放射性污染

毒气污染、细菌污染和放射性污染是城市潜在的次生灾害，其产生原因比火灾简单得多。一般局限于生产、储存及使用这些物质的部门，涉及面较小。它们的产生一般来自两个方面：生产车间破坏、储存容器损坏或生产或使用时的失控造成。

探究学习

◆ 请搜索资料，历史上大地震中所发生的毒气、细菌、放射性污染实例。

地震名称	举　　例

◆ 减小地震次生灾害中的毒气、细菌、放射性污染的措施有哪些？

◆ 互动反馈

在这次探究活动中，我们遇到的困难是：_____，我们的解决方案是：_____

知识链接

次生灾害——地震滑坡和泥石流

地震滑坡和泥石流的活动与地震震级、烈度具有明显的关系。根据以往几次强震调查和近年多次强震调查统计，滑坡和泥石流多发生在地震烈度 7 度及以上地

区。8级以上的地震，诱发的滑坡和泥石流的区域可达几万平方千米。在相同条件下，地震震级越大，诱发滑坡和泥石流的面积也越大。

"震群型"的地震比"主震—余震型"的地震诱发的滑坡、泥石流要多，规模要大。"震群型"的特点是地震能量分多次释放。第一次地震地表产生破坏之后，紧接着第二次、第三次地震，如此产生的破坏要严重得多，所以形成的滑坡和泥石流要多而大。

当滑坡、泥石流发生时，现场人员应紧急发出危险性警报，并因时、因地进行躲避。

1. 滑坡的躲避。当滑坡体下滑时，应垂直滑坡前进方向逃跑，在滑坡堆积区应向两侧高处跑，不能向滑坡正对面山上跑，滑体上的人应尽快跑到安全地段。

2. 崩塌和滚石的躲避。崩塌体积小，距离不远，崩塌往往伴随滚石造成灾害，躲避时也要往两侧逃跑。当逃跑不及时，可以躺在地沟或陡坎下。

3. 泥石流的躲避。泥石流的流速与地形坡度有关。坡度越陡，泥石流的比降就越大，它的流速越快。一般流速每秒钟5～6米，最快的达每秒钟15米。在泥石流的流经区和堆积区只要听到泥石流的声音和发出的泥石流警报时，立即向主河道两岸的高山地区安全地带逃跑。在泥石流通过区两岸和泥石流注入主河道的对岸处要跑到相当的高度才安全。

探究学习

1. 判断下面两张图属于哪一种地震灾害（滑坡和泥石流）。

左图属于_____，右图属于_____

◆ 互动反馈

在本次探究活动中,我们小组的主要分歧是哪个问题,最后怎么解决的?

_____

_____

2. 滑坡、泥石流避险

◆ 身处滑坡如何躲避?

_____

_____

◆ 身处崩塌和滚石处如何躲避?

_____

_____

◆ 身处泥石流如何躲避?

_____

_____

◆ 互动反馈

在这次探究活动中_____同学最值得点赞,理由(善于搜集资料、善于分析等)是:_____

知识链接

地震次生灾害——水灾

地震次生水灾是指因地震造成的地形及水工建筑的破坏导致的洪水泛滥。还有另一类小型的水患,如震后喷砂冒水,蓄水池、水塔的破坏等,因单次灾害较小,为区别起见，称之为**地震水害**。以下主要阐述水灾对策。

地震水灾的危害是极其严重的，虽然世界上发生的地震水灾次数较少，但单次灾害的伤亡损失严重，有的甚至要大于地震的直接灾害，因而必须引起人们的重视。

1. 成因

（1）地震滑坡、泥石流堵塞河流。强烈地震造成山崩、滑坡或泥石流，大量的岩石、泥土填入河谷，堆坝截流蓄水，淹没河谷两岸的城镇、村庄、土地。随着蓄水量增多，或遇余震时，即崩决，蓄水奔出，可造成下游的灾害。

（2）地震滑坡、泥石流填入湖泊、水库。山区的湖泊，一般都几面环山，水库一般是利用山间谷地筑坝蓄水，湖、库周围坡度较大，蓄水后影响坡体稳定。地震时，周围山体容易引起滑坡。滑坡填入湖泊、水库，使水位上升，外流形成灾害。

（3）地震破坏水利工程建筑。有的水利工程建筑震前未设防或地震烈度超过设防烈度，有的水利工程建筑年久失修，地震时容易造成破坏形成水害。

（4）地面陷落注水。地震时，由于构造运动或振动，断块下陷，地下洞穴或采空区塌陷，造成大面积陷落，当湖、海、河或地下水注入后即可成灾。

（5）地震破坏矿井涌水。

（6）地震海啸引起沿海水灾。

（7）喷水冒砂。在地震作用下，地下浅层的水和砂涌出地面，形成喷水冒砂。喷出的砂水淹没农田，淹死农作物，使土壤盐渍化，毁坏机井、水渠、盐田、道路。

（8）地震破坏蓄水池、水塔、屋顶蓄水物。

2. 特点

（1）地震水灾的危险主要来自地震滑坡、泥石流。据世界地震水灾资料统计，大的地震水灾几乎都是由地震滑坡、泥石流，堵塞河道，注入湖海、水库引起的，约占 70%。

（2）地震水灾多发生在雨季。雨季发生的地震，极易产生滑坡、泥石流。雨季水源丰富，库满、水流急，为水灾提供了大量的物质条件。据不完全统计，在雨季发生的地震水灾约占 90%。

（3）地震水灾造成损失严重、水害分布广。虽然世界上发生的有记载的地震水灾次数不多，但水灾的损失超过地震直接损失的比例较大。

（4）水灾的受灾区域为山区的湖泊、水库、河流的沿岸及其下游区；水害主要为盆地、平原。

3. 对策原则

针对地震水灾、水害的特点，地震水灾对策应贯彻以下原则：（1）以预防为主，把水灾杜绝在产生之前；（2）重视薄弱环节，对河流堤坝、泥石流、滑坡引起的水灾应予充分重视。

探究学习

◆ 地震水灾是怎么造成的？

_____

_____

_____

_____

◆ 地震水灾有何对策？

_____

_____

_____

_____

◆ 互动反馈

在这次探究活动中，_____同学最值得点赞，理由（善于搜集资料、善于分析等）是：_____

_____

_____

_____

活动评价表

评 价 内 容	自评	互评	师评
探究学习一			
知道在城市造成最严重、最普遍的次生灾害是火灾			
知道地震次生灾害的种类			
能够选出属于可能发生严重次生灾害的建设工程			
能够发现正确率最高的同学，并说出该同学正确率高的原因。			
能够列举汶川大地震中所发生的次生灾害			
能够为表现最棒的同学点赞并说明理由			
探究学习二			
知道地震次生灾害中，火灾危害最严重			
说出引起火灾的原因			
能够通过查找资料，获得历史上火灾最严重的一次地震发生的时间、地点及灾害情况			
在遇到困难时，能够想出解决办法并解决困难			
探究学习三			
能够列举历史上大地震中所发生的毒气、细菌、放射性污染实例			
能够提出应对毒气、细菌、放射性污染的策略			
能够为表现最棒的同学点赞并说明理由			
探究学习四			
能够根据图示选出对应的季节			
能够根据地质灾害指数和限电指数较高的地区，选出当时的天气状况			

(续表)

评 价 内 容	自评	互评	师评
能够发现分歧问题并提出解决方案			
能够说出滑坡的躲避措施			
能够说出滚石的躲避措施			
能够说出泥石流的躲避措施			
能够为表现最棒的同学点赞并说明理由			
探究学习五			
能够说出引起地震水灾的原因			
能够说出应对地震水灾的措施			
能够为表现最棒的同学点赞并说明理由			

评价等级：优、良、中、差

第三单元 地震逃生

活动一 探索逃生方法

知识链接

什么是自救机会？

地震发生时，人们能感觉到并受其害的主要有两种地震波。即专业人员常说的P波（纵波）和S波（横波），它们以不同的传播方式和速度运动。P波使人感到的是上下颠簸，但它造成的破坏并不大，它给人们发出了地震已发生的信号。S波的运动速度比P波慢，通常平均每秒钟4～5千米，是继P波后到达地表的破坏性极大的波。因此，家庭及自我救助主要是在P波到达地面后的数秒钟之内。当P波到达时，应立即意识到是地震发生了。若能在S波到达并造成破坏之前的十几秒内迅速躲避到安全处，就抓住了最后一次自救机会。一般称为12秒自救机会。

探究学习

1. 自救机会

◆ 以小组为单位查找地震的预警信号有哪些？

比如：地声、地光、动物的反应、气象等。

（1）我找到的预警信号是：_____

（2）我查找的路径是哪些？

书籍：_____

杂志：_____

网络：_____

(3)其他同学找到的与我相同/不相同的预警信号：_____
(4)他们查找的路径是哪些？

书籍：_____

杂志：_____

网络：_____

◆ 请选择一种你熟练操作的软件，将地震预警信号通过编程的方式呈现出来。

◆ 通常说所说的"12秒自救机会"指什么？

_____

_____

2. 地震前避难所的预先选定

因地震所引起的事故多数是难以预测的：桥梁会遭破坏，高层建筑可能倒塌，地基可能下沉……要想临时寻找安全的避难场所非常困难。比如，日本关东大地震时，东京和东京近郊约4万人在旧陆军被服厂中避难，因发生大火，造成极大混乱，仅

被烧死和窒息死亡者就达 3.8 万多人，损失极为惨重。考虑到此类事故难以预料，因此，在地震发生前就选择好安全的避难场所是十分重要的，选择避难场所的原则，就是避开危险的地区。

◆ 以下地区哪些是危险的地区（多选题）(　　　　)

A. 地基松软的地区

B. 破旧民房和木造的公共住宅密集地带

C. 堤坝周围

D. 经常发生海啸、山洪、山崩等灾害的自然环境恶劣的地区

E. 化学危险物品的生产工厂、储存仓库以及使用这些危险品的单位附近

F. 城市高层建筑周围

◆ 请说明你认为是危险地区的原因。

_____

_____

_____

 知识链接

室外人员避险措施

地震发生时，如果你恰巧在室外，或者你行动迅速已经奔到了室外，那么就应

桥上

高压线下　高大建筑物旁　陡崖边

在室外合适的地方躲避，而不要因为惦记家里人或邻居的呼叫而进入或返回室内。地震发生时，总共不过几秒或几十秒，完全容不得左顾右盼。能逃则逃，能避则避，首先要保护自己。道德原则更多的是表现在震后的抢救中，而在震时去顾及他人往往是不成功的。在山区，尽量转移到所在地的最高点，如果不能时，可寻找上坡土岗，暂时躲避在后面。千万不要选择

危岩下、山洞内和有较大裂隙的地方躲避，以免山崩、塌方伤人。更不要顺着上坡随滚滚而下的岩石一同往下跑。在林区，应该立即钻进较密集的树林中，不要停留在树林边或树林内的小空地上，避免被震倒的树木砸伤。树木越密集的地方反而越安全，即便有树木倾倒也会因相互交错而不致倒下伤人。在沟渠或江河旁边，应该立即往后撤退，以免地震时被掀入水中，同时，这些地方在地震时也容易发生较大的地滑或塌陷。在海边和湖边的人员，更要注意提防海啸和湖震的伤害，在低洼地人员要注意被水淹。在桥上，应该立即离开，停留在桥上或躲避于桥下都十分危险，因为大桥随时会被震塌坠落河中。在易燃、易爆有毒等危险品附近，应该立即判断发生地震时的风向，迅速向上风处转移，可将手帕、毛巾等用水浸湿，捂住嘴和鼻子以减少毒气伤害。

探究学习

1. 请同学们查找资料说一说人在室外如何避险？

2. 公共场所，如电影院、候车室等，因人员密集、出口窄小，如遇到地震，极易造成秩序混乱，人们因相互挤压而造成伤亡。

◆ 我觉得在公共场所避震需要注意问题有：_____

◆ 我的同桌觉得在公共场所避险需要注意的问题有：_____

◆ 大家都提到的公共场所避险的问题有：_____

◆ 以小组为单位从 A、B 中选择一个场景进行布置并模拟地震发生时如何避险？

A

B

（1）我们组选择_____场景，在避险中应注意的问题有：_____

_____

（2）我认为我们组中_____的避险方法是正确的。原因是：_____

_____

3. 步行中遇到地震怎样防御为好？当步行到高层大楼的街道发生强烈地震时，大楼的玻璃窗、其他碎片、脱落下来的混凝土墙块、修建在大楼外侧的房檐、装饰物等，会以相当快的速度飞落下来。

在住宅区，防护墙、石墙、土墙等纷纷崩裂倒塌掉落下来，有时也会发生整段墙全部倒塌。大地一摇动，屋顶上的瓦片纷纷飞落，烟囱也会腰折倒塌。

在山区，会有山崖开裂崩溃、倒塌等。此时如在附近行走，就会受到难以预料的伤害。

当然，在商店密集的闹市区，下落物是各种各样的，如广告牌、马口铁板等，危险性极大。

◆ 以小组为单位选择上面（高层大楼下的街道、住宅区、山区、商店密集的闹市区）的一个场景讨论应采取怎样的防御措施。

_____

_____

◆ 我觉得在步行中避震需要注意问题有：_____

◆ 我的同桌觉得在步行中避险需要注意的问题有：_____

◆ 大家都提到的步行中避险的问题有：_____

知识链接

室内人员避险措施

地震时，整个房屋受到剧烈振动，时钟、搁板上的东西、悬挂物、电灯等摇晃散落，衣橱、电冰箱等倒下，墙壁和天花板脱落，灰尘弥漫，使呼吸都感到困难。震级大时，会产生房梁掉落，柱子折断、墙壁崩裂，最终使整个房屋倒塌。无抗震设施的房屋和年久失修的房屋倒塌的可能性更大。

一旦感到发生地震，要仔细观察周围状况，如房屋没有什么异常的话，要把电、煤气、丙烷气的开关关上。打开身旁的窗户，抓起被子或皮包等顶在头上，躲到柱子的背后或壁橱中，或者钻到床或大桌子下面，避难时尽量避开落下物。强烈地震后一分钟左右，可以认为高峰已经过去，此时可能还会发生余震，不要忘记保护头部，随时做好再避难的准备。

结实的写字台下

低矮家具边

探究学习

1. 在百货商店遇到地震时，怎样避难为好？

百货商店遇到地震时，与其他地方相比情况完全不同，一瞬间周围一片混乱，局面不可收拾。首先顾客乱作一团，大声叫喊到处乱窜，广告牌、照明灯、商品等纷纷下落，橱柜、商品陈列橱等器具不断倒翻，使避难通道阻塞。在这种情况下，人们的精神一旦失控，就会发生大混乱，许多顾客一起蜂拥到楼梯，从而导致挤伤、压死等事故。

◆ 请同学们选择以下情境将可避险的地方用☆标注出来。

◆ 如果地震时你在商场，应该如何避险呢？

_____

_____

2. 在房屋里遇到地震时，怎样避难为好？

_____

◆ 请同学们选择以下情境，将可避险的地方用☆标注出来。

◆ 如果地震时你在家中，应该如何避险呢？

_____

◆ 你的同学在家中会如何避险？_____

_____

你赞同同学的避险方式吗？_____说明理由：_____

_____

3. 在办公场所遇到地震时，怎样避难为好？

地震时，正在机关办公的人员，应赶紧蹲到办公桌下或档案柜旁。同时要尽量降低重心。也可到开间小，有一定支撑物的小房间、厕所或水房躲避。地震过后要迅速撤离。撤离时，要走楼梯，不要乘电梯。对办公楼内的自动化程度较高的控制系统、存储系统、档案库、电脑房系统等，震前应采取耐震、抗压措施，防止震时系统被破坏或档案遗失。

◆ 请同学们选择以下情境，将可避险的地方用☆标注出来。

◆ 请同学们将在办公场所避震的正确方式通过绘画的方式呈现出来。

◆ 如果地震时你在办公场所，应该如何避险呢？

◆ 你的同学在办公场所会如何避险？

你赞同同学的避险方式吗？_____ 说明理由：_____

4. 在学校遇到地震时，师生如何避险？

地震时，学校里最需要的是领导和教师的冷静与果断。在有中长期预报的地区，平时应结合教学活动，向学生普及地震知识和防震常识。震前，要安排好学生转移、撤离的路线和场地。地震时，领导和教师要沉着地指挥学生有秩序地按疏散路线撤离，切不可慌乱行事，以免挤伤、踩伤。

◆ 请同学们选择以下情境，将可避险的地方用☆标注出来。

◆ 请同学们将在学校避震的正确方式通过绘画的方式呈现出来。

教室	操场

◆ 如果地震时你在学校，应该如何避险呢？

_____

_____

◆ 你的同学在学校会如何避险？_____

_____

你赞同同学的避险方式吗？_____ 说明理由：_____

_____

5. 医院里的人员如何避险？

    医院内应有一定数量的防震抗震能力较强的房间。地震前把重要的医护器械、常用药品、危重病人等转移到抗震房间去。对药方、血库、手术室、器械库、配电室、病案室等重要设施，应进行抗震加固。

◆ 请同学们选择以下情境，将可避险的地方用☆标注出来。

◆ 如果地震时你在医院，应该如何避险呢？

_____

_____

◆ 你的同学在医院会如何避险？_____

_____

_____

你赞同同学的避险方式吗？_____ 说明理由：_____

_____

第三单元 地震逃生

活动评价表

评 价 内 容	自评	互评	师评
探究学习一			
能够找到预警信号			
能够用路径查找正确的预警信号			
能够查找出其他同学与自己预警信号的不同点			
能够指出其他同学的查找预警信号的路径			
能够用软件将地震预警信号通过编程的方式呈现出来			
能够指出什么是"12秒自救机会"			
能够选出危险地区			
能够说明危险地区的原因			
探究学习二			
能够指出人在室外是如何避险的			
能够指出公共场所避震需要注意的问题			
能够说出同桌所指公共场所避险需要注意的问题			
能够指出大家都提到的公共场所避险的问题			
能够指出小组选择的避险场所			
能够指出在避险中应注意的问题			
能够说出组员选择的避险方法是否正确并能指出原因			
能够选择场景采取合适的防御措施			
能够指出步行中避震需要注意的问题			
能够说出同桌所指步行避险需要注意的问题			
能够指出大家都提到的步行避险的问题			
探究学习三			
能够找出商场中避险的地方			
能够指出地震时人在商场中如何避险			

(续表)

评 价 内 容	自评	互评	师评
能够找出家中避险的地方			
能够指出地震时人在家中如何避险			
能够指出同学在家如何避险			
能够指出同学在家避险的方式是否正确			
能够说出同学在家避险方式正确与否的理由			
能够找出办公室避险的地方			
能够画出在办公室正确的避险方式			
能够指出地震时人在办公室如何避险			
能够指出同学在办公室的避险方式			
能够指出同学在办公室避险的方式是否正确			
能够说出同学在办公室避险方式正确与否的理由			
能够找出学校避险的地方			
能够画出在学校正确的避险方式			
能够指出地震时人在学校如何避险			
能够指出同学在学校的避险方式			
能够指出同学在学校避险的方式是否正确			
能够指出同学在学校避险的方式正确与否的理由			
能够找出医院避险的地方			
能够指出地震时人在医院如何避险			
能够指出同学在医院如何避险			
能够指出同学在医院避险的方式是否正确			
能够指出同学在医院避险的方式正确与否的理由			

评价等级：优、良、中、差

活动二　了解生活场景的隐患

知识链接

什么是地震演习?

地震也有演习？是的！那什么是地震演习呢？

假定一定震级大小的地震发生，地震应急指挥人员、救援人员以及居民等按照设定的地震发生时情况，对地震应急指挥、救援、避险等紧急处置进行综合演练，就是地震演习。其目的是通过演练提高指挥员的组织指挥能力、应急救援队伍的救援能力以及居民的应急避险能力，或者检验应急预案、应急体系的合理性和有

效性。地震演习作为一项近似实战的综合性训练，也是地震应急培训采用的方式。地震演习中，人们通过亲身体验，收效快，印象深刻，获得的知识和技能保持长久；地震演习的形式生动活泼，人们喜闻乐见，通过宣传报道，影响面广，可使广大公众获得地震应急知识，是提高社会应急能力的好办法。

探究学习

1. 阅读材料回答下列问题

◆ 地震演习的目的：_____

◆ 什么是地震演习：_____

2. 以小组为单位设计一次预防地震演习活动方案

   ◆ 演习目的：_____

   _____

   ◆ 演习时间：_____
   ◆ 演习地点：_____
   ◆ 演习准备：_____
   ◆ 演习方案：

   ◆ 我们小组在设计演习活动时遇到的困难是：_____

   _____

   _____

   ◆ 互动反馈

   我认为在我们小组内_____同学发挥了引领作用，理由是：_____

   _____

3. 以小组为单位，根据我校地震演习活动情况设计一份调查问卷。

◆ 分析问卷：讨论地震演习的作用

_____
_____
_____

◆ 我们小组在分析问卷过程中发现与实际情况联系紧密的是：_____
_____
_____
_____

◆ 互动反馈

我认为在我们小组内_____同学起到了组织协调的作用，理由是：_____
_____
_____

知识链接

什么是地震应急避难场所？

地震应急避难场所的定义是：为应对地震等突发事件，经规划、建设，具有应急避难生活服务设施，可供居民紧急疏散、临时生活的安全场所。地震应急避难场所一般可选在公园、绿地、广场、体育场，室内公共的场、馆、所等场址。

按照国家标准 GB 21734—2008《地震应急避难场所场址及配套设施》的规定，应急避难场所必须设置保障避难人员基本生活需求的基本设施，包括：救灾帐篷、简易活动房屋、医疗救护和卫生防疫设施、应急供水设施、应急供电设施、

应急排污设施、应急厕所、应急垃圾储运设施、应急通道、应急标志等。有的应急避难场所，为改善避难人员生活条件，在基本设施的基础上增设了配套设施，包括：应急消防设施、应急物资储备设施、应急指挥管理设施等。有的应急避难场所，还增设了相关设施，包括：应急停车场、应急停机坪、应急洗浴设施、应急通风和应急功能介绍设施等。

除此之外，该标准还对地震应急避难场所的场址安全性、可通达性、面积、标志设置、无障碍设置等提出了要求。对面积的要求是：场址有效面积宜大于2000平方米，人均居住面积应大于1.5平方米。

探究学习

◆ 以小组为单位，查找自己身边应急避难场所。我们小组找到的避难场所在_____。避难场所的特点是：_____

◆ 地震应急避难涉及哪些标志?

◆ 在下面的方框内画出小区应急避难场所,并插上相应的标识。

示例:篮球场

知识链接

学校的防震减灾工作

学校的安全状况关系到学校正常的教学秩序、生活秩序，关系到师生的生命财产安全和广大师生的根本利益，安全责任重于泰山。为了使学生认识到安全工作与自身息息相关，把安全意识融入学生思想行动中，开展"学校安全隐患我发现"活动，望各位学生举一反三，时刻牢记安全，给所有同学一个安全的学习、生活环境。

探究学习

◆ 以小组为单位，设计一张校园地震风险隐患排查表。

◆ 我们小组在设计排查表时考虑到的重要因素是：＿＿＿＿＿＿＿＿

第三单元 地震逃生

◆ 互动反馈

我认为在我们小组内_____同学起到了组织协调作用，理由是：_____

◆ 在下面的方框内画出学校应急避难场所，并插上相应的标识。

示例：篮球场	

◆ 以小组为单位为学校防震减灾提建议：_____

◆ 互动反馈

我比较欣赏小组内_____同学的建议，理由是：_____

知识链接

家庭中地震隐患排查

地震属于一种自然灾害,是一种不可预知、也难以预知的灾害,日常生活中,我该做哪些防震准备?

地震时不建议逃生。人们感觉到地震,地震已经发生,而且地震的时间很短,只有几秒或十几秒,少有20秒以上的地震,这种情况加上人反应时间,是不太可能逃出来的。地震时最该做的是观察所处环境下可能有的危险,及时躲避即可。

当发现房屋开始摇晃时,第一时间就能确知去哪儿躲避非常重要。如果在地震发生前就做好了准备和演习,你和家人就能在察觉震感的第一时间及时、正确地作出反应。防震演习可以让每个家庭成员知道如何应对地震。

探究学习

◆ 你可以通过在居室进行"地震隐患排查"来寻找地震中可能出现的隐患。

1. 在地震中可能会倒塌的又高又重的家具,如:_____、_____
2. 悬挂在高处较重的盆栽植物,地震时出现的状况:_____
_____
3. 易燃物质如油漆及清洁剂应储存在:_____
_____
4. 列举家中的最佳安全点:_____
_____

◆ 排查自己家中地震隐患物品,并说明原因:_____
_____

你赞同同桌的排查结果和原因吗?_____ 理由:_____
_____

知识链接

公共场所如何进行防震减灾

公共场所防震减灾的情形主要有以下几个：

在影剧院、体育场馆，观众可趴在座椅旁、舞台脚下，震后在工作人员组织下有秩序地疏散；

正在上课的学生，迅速在课桌下躲避，震后在教师指挥下迅速撤离教室，就近在开阔地带避震；

在商场、饭店等处，要选择结实的柜台、商品（如低矮家具等）或柱子边、内墙角等处就地蹲下，避开玻璃门窗、橱窗和柜台；避开高大不稳和摆放重物、易碎品的货架；避开广告牌、吊灯等高耸或悬挂物；

避震时用双手、书包或其他物品保护头部；

震后疏散要听从现场工作人员的指挥，不要慌乱拥挤，尽量避开人流；如被挤入人流，要防止摔倒；把双手交叉在胸前保护自己，用肩和背承受外部压力；解开领扣，保持呼吸畅通。

探究学习

◆ 以小组为单位，选择一个公共场所进行调查研究。

我们小组选择的公共场所是：_____ 此场所存在的隐患物品是：_____ 原因是：_____

_____

_____

◆ 我们小组在公共场所排查时遇到的困难是：_____
在排查的过程中我们组_____ 同学发挥了引领的作用，理由是：_____

_____

_____

活动评价表

评 价 内 容	自评	互评	师评
探究学习一			
能够指出地震演习的目的			
能够说出什么是地震演习			
能够设计预防地震演习活动方案			
能够指出设计演习活动时遇到的困难			
能够指出小组中发挥引领作用的同学并说出理由			
能够为学校地震演习活动设计一份调查问卷			
能够分析问卷，指出地震演习的作用			
能够分析问卷中与实际情况联系紧密的事项			
能够指出小组中发挥引领作用的同学并说明理由			
探究学习二			
能够指出应急避难场所的地点和特点			
能够指出地震应急避难的标志			
能够画出小区中的应急避难所			
探究学习三			
能够设计一张校园地震风险隐患排查表			
能够指出设计排查表时考虑到的重要因素			
能够指出小组内起到主导作用的同学并说明理由			
能够指出学校的应急避难场所并插上相应的标识			
能够为学校防震减灾提建议			
能够指出小组中表现优秀的同学并说明理由			

（续表）

评 价 内 容	自评	互评	师评
探究学习四			
能够排查出居室中存在的隐患			
能够排查出自己家中的隐患物品并说明理由			
能够指出同桌排查隐患的正确性并说明理由			
探究学习五			
能够选择合适的公共场所			
能够排查出公共场所的隐患物品并说明理由			
能够指出排查时遇到的困难			
能够指出组中发挥引领作用的同学并说明原因			

评价等级：优、良、中、差

活动三　了解逃生物品

知识链接

家备应急物资的必要性

我们无法忘记汶川和玉树地震的惨痛回忆，我们也一定对灾难发生时由于民众没有自救装备而失去逃生机会感到惋惜。在日常生活中极少的家庭会准备手电筒、收音机和蜡烛等物品，原因是平时极少用到，但这些物资在地震中却是救命之物。

有关学者曾在我国的城市家庭中做过一项有关防灾应急必备物品的调查，结果发现绝大多数居民家庭中没有手电筒或收音机或蜡烛等物品，甚至有的家庭一样都没有。这就暴露了我国民众灾难自救常识的缺乏。

我们知道自然灾害是不可抗的灾难，在自然灾害降临时我们的财产甚至生命都会受到严重的威胁，与其坐以待毙不如提早采取措施预防。一旦灾难降临，至少要做到在此后的72小时之内存活下来的准备，所以每个家庭都很有必要准备防灾应急的物品。

探究学习

1. 查找资料，列举家中常备的应急物资及在灾难中的作用，写出两例。

2. 居民家备救援物资的调查。

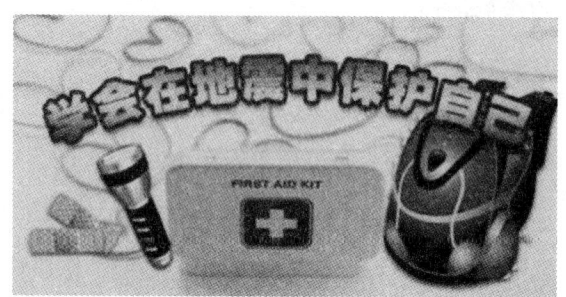

◆ 小组活动：以小组为单位，设计一份家备应急物资的问卷。（问卷对象是家长、同学、教师）

◆ 整理问卷,分析家备应急物资的必要性。

_____
_____
_____
_____

◆ 互动反馈

我认为在我们小组内_____同学发挥了引领作用,理由是:_____
_____
_____
_____
_____

知识链接

家庭逃生必备物品的功能

地震造成的损失要比大火、洪水大得多,往往会使整座城市处于瘫痪,大地震可使整座城市顷刻之间化为废墟;因此,一旦发生了强烈地震,很难立刻得到救援。地震时的伤亡,主要是地震引起的火灾和房屋崩塌造成的。

要避免地震的灾害,最有效的办法是依靠自己,以自己的力量做好预防灾害的准备。一般家庭常备的东西有粮食和饮水,以每人平均保存5天的分量为佳。另外再准备一些防灾用品,如防灾头巾、手电筒、急救药品,以及一些逃生用具,如绳子、手套等。

探究学习

1. 查找相关资料,写一写家庭逃生必备物品的功能。

手电筒:_____
_____
_____

绳子:＿＿＿＿＿＿＿＿＿＿＿＿＿＿＿＿＿＿＿＿＿＿＿＿＿＿＿＿
＿＿＿＿＿＿＿＿＿＿＿＿＿＿＿＿＿＿＿＿＿＿＿＿＿＿＿＿＿＿＿＿

防滑手套:＿＿＿＿＿＿＿＿＿＿＿＿＿＿＿＿＿＿＿＿＿＿＿＿＿
＿＿＿＿＿＿＿＿＿＿＿＿＿＿＿＿＿＿＿＿＿＿＿＿＿＿＿＿＿＿＿＿

急救药箱:＿＿＿＿＿＿＿＿＿＿＿＿＿＿＿＿＿＿＿＿＿＿＿＿＿
＿＿＿＿＿＿＿＿＿＿＿＿＿＿＿＿＿＿＿＿＿＿＿＿＿＿＿＿＿＿＿＿

2. 设计方案：以家庭为单位进行演练。演练项目是画出家庭必备物资（手电筒、收音机、蜡烛、粮食、饮水、防灾头巾、急救药品、绳子、手套）存放的位置。

3. 如果地震时你在家里，应如何选择逃生通道，请用绘图的方法呈现出来。

4. 将你采用的逃生方法用绘图或文字的形式表达出来，并说明理由。

◆ 以小组为单位，各组员交流各自的逃生方法，你的逃生方法是否与其他组员相同？_____你是否认同组员的逃生方法？请说明理由。
_____
_____
_____

5. 记录你在家庭逃生过程的感想。
_____
_____
_____

 知识链接

地震急救包

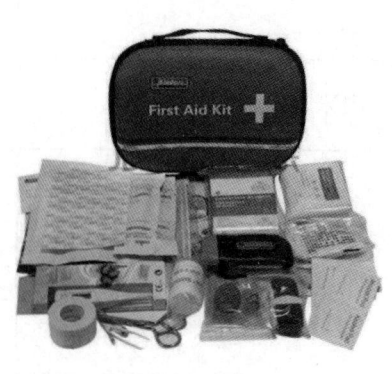

地震急救包是在地震等灾害发生时以及灾害发生后，提供用于维持生命的食物、饮水、药品及简单的生活和求救必需品的应急包。一般内含压缩干粮、应急饮用水、超薄保温雨衣、安全帽、折叠水桶、多功能应急手电、应急求救哨、防滑手套、蜡烛、火柴、常用应急药品等。

对于急救包中携带的物品虽然没有严格规定，但一定要便于携带，并放在触手可及的位置。

探究学习

1. 地震急救包的类型
◆ 以小组为单位整理急救包的类型并列举每种类型中的物品。
_____
_____
_____
_____

◆ 你认为哪种类型的急救包更实用？说一说你的理由。

_____

_____

◆ 你认为哪种类型的急救包更方便？说一说你的理由。

_____

_____

◆ 请列举急救包中需要查看保质期的物品：_____

_____

◆ 你认为同桌列举的物品是否正确？_____ 理由是：_____

_____

_____

2. 以小组为单位，组员间进行急救包整理评比，将评比的结果通过下表进行评分（单项满分为 10 分）。

组员 \ 评分	有序性	方便性	安全性
组员 1			
组员 2			
组员 3			
组员 4			

◆ 演练中会出现的问题：_____

改进的方法：_____

_____

活动评价表

评 价 内 容	自评	互评	师评
探究学习一			
能够列举家中常备的应急物资及在灾难中的作用			
能够设计一份家备应急物资的问卷			
能够分析家备应急物资的必要性			
能够指出小组中发挥引领作用的同学			
能够指出同学发挥引领作用的理由			
探究学习二			
能够指出家庭逃生必备物品的功能			
能够设计家庭演练的方案			
能够绘出家中的逃生通道			
能够将逃生方法用合理的方式表达出来并说明理由			
能够指出组员逃生方法的利与弊			
能够记录家庭逃生过程的感想			
探究学习三			
能够整理出急救包的类型			
能够指出哪种类型的急救包更实用并说出理由			
能够指出哪种类型的急救包更方便并说出理由			
能够列举急救包中需要查看保质期的物品			
能够指出同桌列举的物品是否正确并说出理由			
能够指出同学救急包整理的工整程度			
能够指出演练中出现的问题			
能够提出改进方法			

评价等级：优、良、中、差

第四单元 地震救护

活动一　震后的自救与互救

 知识链接

如何在地震后自救？

地震后的自救与互救，对自我求生和抢救遇难者具有重要作用。一般来说大地震的危险在振动期大约只有一分钟左右，能在震后半小时内救出的被压人员生存率达99%，而且幸免于难的人会自发抢救亲属和邻居，因此震区群众的自救和互救是减少伤亡的主要措施之一。

一、地震自救基本常识

1. 立即关闭电源、火源。

2. 住平房者速跳出，跑到比较宽广处，住楼房者可躲在桌子下面或有支撑和管道多的室内。

3. 头部最好顶安全帽、塑料盆等，以便保护头部。

4. 不要靠近狭窄的夹道、壕沟，峭壁和岸边等危险地方。

5. 居住在海边的居民要防海啸，防止海水倒流的水灾。

6. 居住近山者，要警惕山崩和泥石流的发生。

7. 跑散时不要过度惊慌，要有序不紊，讲究秩序。

8. 注意余震，但不要听信谣言。

二、自我脱险

地震时如被埋压在废墟下，周围又是一片漆黑，只有极小的空间，你一定不要惊慌，要沉着，树立生存信心，相信会有人来救你，要千方百计地保护好自己。地震后，往往还有多次余震发生，处境可能继续恶化，为了免遭新的伤害，要尽量改善自己所处的环境。

1. 保护生存空间。

若被埋者周围有一定的空隙，要想方设法加以维持空隙，防止生存空间遭覆压。

2. 掩住口鼻。

在烟尘弥漫或有害气体泄露时，要尽量掩住口鼻，防止窒息或中毒。

3. 自行简易包扎。

如能自行包扎伤口，可降低伤害程度。

4. 保护眼睛。

获救后，突然从黑暗的环境进入明亮的世界，眼睛适应不过来，要遮着眼睛。

探究学习

1. 玉树地震中，有不少幸存者依靠合理的方法，挑战生命极限，创造了生命奇迹。若不幸被埋在废墟下，下列自救方法正确的是（　　）。

A. 不停地大声呼救

B. 通过睡觉来减少体力消耗

C. 用衣袖捂住口鼻，谨防呛闷窒息

D. 竭尽全力推周围的水泥墙

2. 下列关于震后自救的叙述，不正确的是（　　）。

A. 地震对人的伤害主要是倒塌的建筑物对人的埋压和砸伤，所以学会处理外伤的基本方法是必要的

B. 当人被压埋在废墟下时，要尽力呼救，以寻求援救

C. 当人被压埋在废墟下时，要用毛巾、衣袖等捂住口鼻，以防窒息

D. 在等待救援的过程中，要有生存的勇气和顽强的毅力，挑战生命极限

3. 请你们小组根据自己所学的震后自救知识，设计一个地震自救工具。

名称:_____

用途:_____

_____

设计草图:

第四单元　地震救护

◆ 互动反馈

在这次探究活动中，_____同学最值得点赞，理由（有很好的创意、善于分析等）是：_____

_____

_____

知识链接

如何在地震后互救？

震后，外界救援人员不可能立即赶到救灾现场，在这种情况下，灾民互救是减轻人员伤亡最及时、最有效的办法。

1. 互救原则

震后救人，遵循速度要快、目标准确、方法恰当、互救队伍不断壮大的原则是：

（1）先救近处的，不论是家人、邻居还是陌生人，不要舍近求远；

（2）先救容易救的人，这样，可迅速壮大互救队伍；

（3）先救青壮年和医务人员，可使他们在救灾中充分发挥作用；

（4）救助目标应先是医院、学校、招待所等人员密集的地方。

（5）先救"生"，后救"人"。

唐山地震中一农村妇女，每救一个人，只把其头部露出，避免窒息，接着再去救另一个人，在很短时间内使几十人获救。

2. 救人有术

首先应该使头部暴露，迅速清除口鼻内的尘土，防止窒息，再暴露胸腹部。伤员不能自行出来，不能强拉硬拖，应暴露全身，施行包扎或急救。救援时可用小型轻便的工具，如铲、锤、凿、棍等，使用时注意安全，特别是在接近被困人员时，要小心，不可以利用利器刨挖。对饥渴、受伤、窒息较严重，埋压时间又较长的人员，被救出后要用深色布料蒙上眼睛，避免强光刺激，根据伤者的受伤程度，采取包扎或送医疗点抢救。

探究学习

判断对错（正确的画√，错误的画×）

1. 互救时，不管营救难度和距离的远近，要先救亲人。（   ）

2. 先救青壮年和医务人员，是因为可使他们在救灾中充分发挥作用。（   ）

3. 唐山地震中一农村妇女，每救一个人，只把其头部露出，避免窒息，接着再去救另一个人，在很短时间内使几十人获救。（   ）

4. 伤员不能自行出来，要想尽办法将他强拉硬拖，以便施行包扎或急救。（   ）

5. 对饥渴、受伤、窒息较严重，埋压时间又较长的人员，被救出后要用深色布料蒙上眼睛，避免强光刺激，导致失明。（   ）

6. 关于震后互救的叙述，正确的是（   ）。

① 先救近，后救远　　　　② 先救老人、小孩，后救其他人
③ 先救"生"，后救"人"　　④ 要注意保护支撑物，但抢救时可以不考虑

A. ①②　　　　　　　　　　B. ②③
C. ①③　　　　　　　　　　D. ③④

◆ 互动反馈

我认为在我们小组内＿＿＿＿同学发挥了引领作用，理由是：＿＿＿＿＿＿

知识链接

震后自救误区（一）

一、头部外伤（颅脑损伤）出现的耳漏鼻漏，忌堵塞

地震对人体的伤害主要有建筑物坍塌引起人体机械性外力伤害、掩埋窒息性损伤、震后水电火气等引起的次生伤害三个方面。震中由于打、砸、弹击、撞、撕拉、震动、挤压、碰跌等方式很容易引起颅脑损伤、颅骨骨折经耳朵和鼻子流出脑

脊液，此时不少人习惯性的做法是仰起头或堵住。殊不知，这样做很容易导致颅内压升高，加重颅内损伤，并且回流液体也容易导致严重的颅内感染。

二、胸部有锐利物刺入，忌拔

震中建筑物坍塌很容易导致锐利的器物刺入人体胸部，此时，很多伤者习惯性的动作是顺手将锐器拔出。要注意，这是非常错误的做法。原因有两点：首先，在没有救护措施时突然拔出器物很容易造成血管破裂，大量出血，危及生命。其次，大气在拔出锐器的瞬间很容易进入负压胸膜腔，造成气胸，引发纵隔摆动，挤压心脏而停跳。正确的做法先用手稳固住插入物，也可简单用布条（紧急情况时可用衣服等代替）轻轻束缚住锐器刺入部位，避免剧烈活动，等待或寻求救援。

三、肠子外露不能往回塞

肚皮是人体上很薄很脆弱的部位，一旦在震中受伤，很容易造成肚皮被刺破使肠子脱出。遇到这种情况，大家的下意识动作是用手托住脱出的肠子往肚腔里塞，这也是十分错误的做法。原因有三点：（1）脱出肠子很容易被感染，在没有医疗条件的情况下，自己往回塞很容易导致严重的腹腔感染；（2）盲目地回塞肠子时，容易使肠子扭塞，导致机械性肠梗阻；（3）脱落出的肠子很可能已经被刺破，回塞容易导致一些粪便等脏物透过肠壁溢出，导致严重腹膜炎。

四、近肢端动脉出血，绑扎点忌就近

震中如果造成手臂部或小腿部近肢端（也就是靠近手、脚的踝部）动脉出血，在绑扎时，要注意不能在出血点就近部位缚扎，应选择过膝、过肘的绑扎点。因为相应大血管穿行于尺桡骨和胫腓骨之间，不利于止血且易伤及相关神经（桡神经）。

探究学习

1. 颅骨骨折经耳朵和鼻子流出脑脊液，此时不少人习惯性的做法是仰起头或堵住。

你是否赞成这样做＿＿＿＿（是/否），请说出你的理由：＿＿＿＿

2. 震中建筑物坍塌很容易导致锐利的器物刺入人体胸部，此时，很多伤者习惯性的动作是顺手将锐器拔出。

你是否赞成这样做_____（是 / 否），请说出你的理由：_____
_____
_____

正确的做法是：_____
_____
_____

3. 肠子外露不能往回塞的原因是：_____
_____
_____

4. 模拟脚踝动脉出血包扎

一位同学用红墨水涂抹脚踝，代表脚踝动脉出血，另一位同学进行包扎。

◆ 互动反馈

在这次探究活动中，_____同学最值得点赞，理由（有很好的创意、善于分析等）是：_____
_____

知识链接

震后自救误区（二）

一、皮肤破损出血，切忌用泥土糊

民间有种说法，对于皮肤破损出血的情况拿泥土糊上去可消炎止血。这其实是一个误区。泥土中含有一种厌氧菌——破伤风杆菌，用这种方法不仅起不到消毒止血的功效，还很容易导致破伤风，重者致命。

二、骨折后（被砸后）肢体切忌"轻举妄动"

震中倘若遇到骨折要避免骨折断端受到二次伤害，加重血管和神经的严重损伤。可因地制宜，找两个小木棍之类的东西越过关节夹住骨折部位，再用绳或布条缠绕，以远端指趾不麻木为宜，就会起到良好的固定作用。

三、颈椎损伤，忌抬颌后仰

地震中被长时间掩埋的伤员获救时，常有一个习惯性的动作，喜欢后仰一下头、深呼一口气，好像这样才能把胸中的废气排除干净，但往往此时意外就发生了。由于地震坍塌、高处坠落等因素，颈椎最易受到损伤，在长时间不动的情况下突然后仰过深（这种后仰动作在急救医学上称为"鼻颌位"），容易导致颈髓横断，造成脊髓休克，危及生命。正确的做法是用双手扶住颈部，两侧相对制动，最大限度避免颈髓横断致命性二次损伤。

探究学习

判断正误（正确的画√，错误的画×）

1. 皮肤破损出血的情况拿泥土糊上去可消炎止血。（　　）

2. 震中倘若遇到被砸的情况，首先要考虑骨折的可能性。那么在自救的过程中，要避免被砸部位的活动，防止骨折断端受到二次伤害，加重血管和神经的严重损伤。（　　）

3. 由于地震坍塌、高处坠落等因素，颈椎最易受到损伤，在长时间不动的情况下突然后仰过深，容易导致颈髓横断，造成脊髓休克，危及生命。（　　）

◆ 互动反馈

在这次探究活动中，_____同学最值得点赞，理由（有很好的创意、善于分析等）是：_____

_____

知识链接

震后自救误区（三）

一、被困时呼吸忌快而浅

在遇到地震等险情灾难降临时，人们的呼吸容易急速，换气频率加快。但快而浅的呼吸容易使二氧化碳的呼出过多，引起呼吸碱中毒，由此而导致昏迷等危及生命的严重并发症的发生。故自救时应控制情绪、保持镇静，宜采用慢而缓的呼吸方式，避免上述情况。

二、遇有害气体泄漏，切忌顺风躲避

地震中各项设施损坏，有害气体泄漏的情况时有发生。很多灾民遇到这种情况时都十分慌乱，只顾逃跑躲避忽略风向。很多人甚至是盲目地跟着人群顺风而跑。要注意，此时逆风而上是最正确的躲避方法，可有效避免有害气体顺风而下，致人体受到的伤害。

三、自救时呼救忌盲目大喊大叫

地震时如果被困无法逃脱，不要惊慌，不要声嘶力竭地哭泣，不要拼尽全身力气呼喊自己的亲人，应抓住时机有效呼叫，尚可充分利用一些手边的金属物进行敲击，或采用发光的亮片（如玻璃、镜子等），通过反射光引起救援人员注意，如有收音机可开大音响等多种呼救方式，从而达到自救呼叫的目的。

探究学习

判断正误（正确的画√，错误的画×）

1. 被困时呼吸宜快而浅。（　　）

2. 遇有害气体泄漏切忌顺风躲避，可有效避免有害气体顺风而下，致人体受到的伤害。（　　）

3. 地震时如果被困无法逃脱，要通过呼救引起救援人员注意，但通常有很多人出于惊慌，在被困时声嘶力竭地哭泣，拼尽全身力气呼喊自己的亲人，要注意这样盲目的持续大喊大叫，会过多地消耗体力，导致肌体耗氧量增加，容易引起昏厥或休克。（　　）

◆ 互动反馈

在这次探究活动中，＿＿＿＿＿＿＿同学最值得点赞，理由（反应敏捷、善于分析等）是：＿＿

活动评价表

评价内容	自评	互评	师评
探究学习一			
能够选出正确的自救方法			
能够选出正确的地震后自救叙述			
能够设计一款地震自救工具			
能够发现最棒的同学并说明理由			
探究学习二			
能够准确判断关于震后互救的叙述			
能够选择正确的震后互救的叙述			
能够发现最棒的同学并说明理由			
探究学习三			
能够正确判断颅骨骨折经耳朵和鼻子流出脑脊液，此时不少人习惯性的做法是仰起头或堵住，并说明理由			
能够判断震中建筑物坍塌很容易导致锐利的器物刺入人体胸部，此时，很多伤者习惯性的动作是顺手将锐器拔出是否正确，并说明原因			
能够说出肠子不能回塞的原因			
能够对表现最好的同学点赞并说明理由			
探究学习四			
能够准确判断皮肤破损出血的处理方法			
能够准确判断被砸后的处理方法			
能够准确判断对过度后仰的后果			
能够对表现最佳的同学点赞并说明理由			

（续表）

评 价 内 容	自评	互评	师评
探究学习五			
能够对地震被困时的呼吸方式作出正确判断			
能够准确判断震后有害气体泄漏的逃生方法			
能够准确判断震后大喊大叫带来的后果			
能够对表现最佳的同学点赞并说明理由			

评价等级：优、良、中、差

活动二　传统的救援方式

知识链接

救援五阶段

第一阶段

评估坍塌区域：搜索区域内的可能幸存者（在地面上或被掩埋）；评估结构稳定性；评估水电气设施状况，并关闭设施以确保安全。

第二阶段

迅速、安全地转移地面幸存者。（参考医疗救援心肺复苏）

第三阶段

搜寻并探察所有空隙和坍塌建筑物中的空穴，以发现可能的幸存者。本阶段可使用喊话设备；只有经过训练的搜救犬或搜救人员才可对空穴或可进入空间进行搜救。

第四阶段

确定幸存者位置后，使用特殊工具和技术，有选择性地移除建筑物残骸。

第五阶段

大规模清理。通常在所有已知幸存者均被安全转移后才可实施大规模清理。

探究学习

1. 怎么找到小区楼道煤气开关？

_____

_____

2. 什么样的空间容易发现幸存者？

_____

_____

_____

3. 画出容易发现幸存者的空间。

4. 搜索幸存者的方法有哪些？

_____

_____

5. 如何转运受伤的幸存者，需要有哪些注意事项？

示例：颈椎受伤，需要固定颈椎

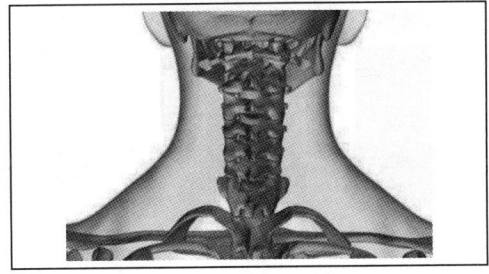 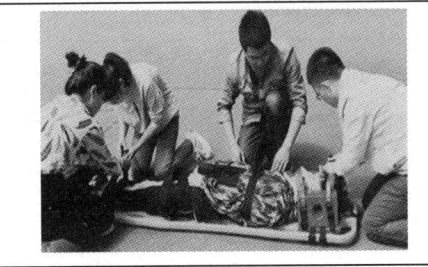

腰椎受伤

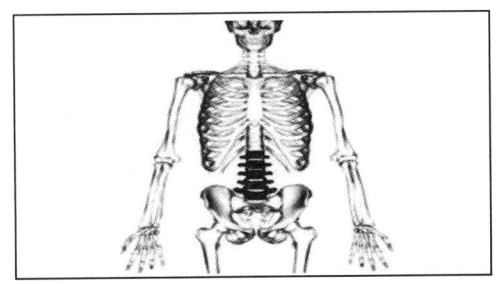 

第四单元　地震救护

上肢骨伤

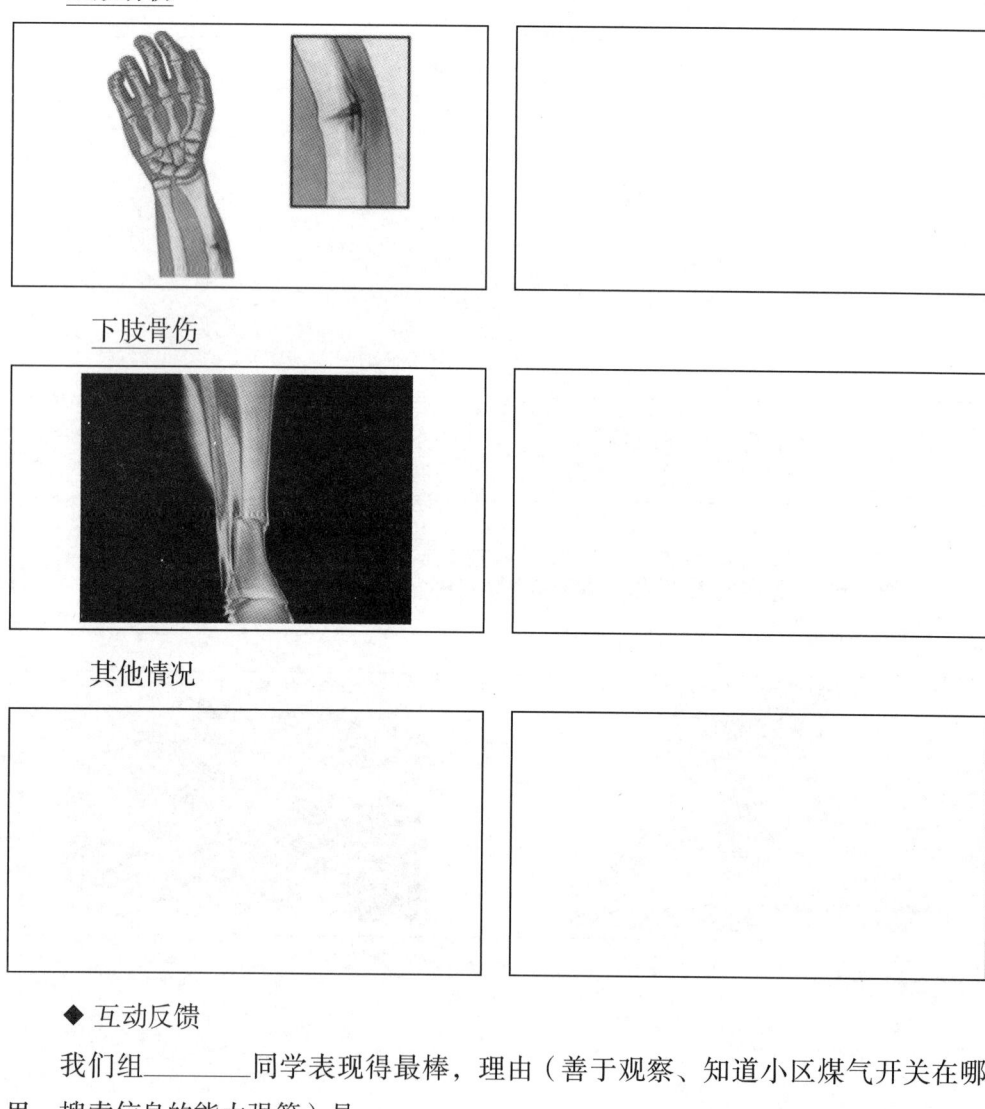

下肢骨伤

其他情况

◆ 互动反馈

我们组_____同学表现得最棒，理由（善于观察、知道小区煤气开关在哪里、搜索信息的能力强等）是：_____

知识链接

生命迹象搜索

1. 犬搜索

搜救犬分队通常由两头搜救犬及其驯犬师和一名队长组成。任务开展初期一般部署两支搜救犬分队参与搜救。

搜救犬分队队长对被搜索区域的地形、结构特点进行分析后,标示出所有重点信息,并将结果报送指挥部。

一支搜救犬分队发现有幸存者的可疑区域后,队长应将该分队调离该区域。同时派遣另一支分队对该区域再次搜索。如果第二支搜救犬分队确认该区域有幸存者,则标记该区域。队长随后将标记结果报送指挥部,以便采取后续营救行动。

2. 仪器搜索

仪器搜索指受过专业培训的操作人员使用特殊的仪器设备进行搜索。使用的仪器有多种类型,应当将多种仪器结合起来使用,以提高搜索效能,搜索仪器通常与定位仪器联合使用,可以取得比较好的效果,这种仪器可以通过狭小的空间由营救人员创建的营救通道,置入蛇眼来确定幸存者的位置。

3. 人工搜索

人工搜索是搜索人员在搜索对象外边进行的搜索,包括对所有建筑物的搜索,这是最容易实行的搜索类型,不需要其他资源就能完成。

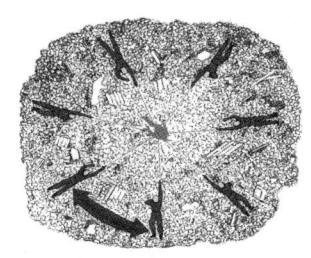

人工搜索的主要局限是搜索人员工作时在潜在危险地区,并且无法进入建筑物的所有空间,在实施人工搜索之前,最好的办法是向知情人了解、咨询情况。

第四单元 地震救护

人工搜索的程序是，首先组织人员在现场四周搜索，寻找表面可见的幸存者，并通过喊话与他们取得联系，并将这些幸存者转移到安全区域。

在搜救区域内部署人员直接对空穴和狭小区域进行搜索，寻找幸存者。

搜索人员可排成横队，使用大功率扬声器或敲击喊话等方式向被困的幸存者给予指示，倾听幸存者发出的声音。如有回应，应大致确定范围，搜救人员排成圆圈仔细倾听，逐步确定幸存者位置，并标示出有声音的区域，结果尽快报送指挥部。

4. 综合搜索

在大面积、全方位搜索时，经常采取综合搜索的方法，即人工搜索、搜救犬搜索和仪器搜索相互配合，最终完成被困人员的定位。当然，在区域搜索时，有时也需要采用综合搜索的方法进行互补定位。

探究学习

1. 你知道哪些生命迹象搜索的设备？这些设备有什么功能？

序号	设备名称	设备用途
1		
2		
3		
4		

2. 请你叙述一下人工搜索优缺点？

◆ 活动反馈

这次活动过程中，_____同学叙述最棒，理由（逻辑清晰、内容丰富等）是：

知识链接

医疗救援：止血

血液具有运输、防御保护等多项功能，人体内的血量只有维持相对稳定，才能保证人体的正常生理活动，如果一个健康成年人，一次失血超过总量的30%～40%时，就会有生命危险。因此包扎时，根据不同血管的出血情况采取紧急止血。

外出血的止血方法常用的有以下三种：

（1）加压包扎止血法：多用于静脉出血和毛细血管出血。用消毒纱布或干净的布块折叠成比伤口稍大的布垫覆盖在伤口上，再用绷带或三角巾紧紧包扎，其松紧度以能达到止血目的为宜。

（2）止血带止血法：适用于四肢大血管的出血，材料取弹性的橡皮管、橡皮带。上肢结扎于上肢三分之一处，下肢结扎于大腿的中部。包扎时应先将伤肢抬高，底部垫上塑料或毛巾等软织物，将止血带适当拉长，绕肢体两周，在外侧打结固定。要标明扎止血带时间，每40分钟放松一次。

（3）指压止血法：多用于较大的动脉出血。用拇指压住出血的血管上方（近心端），使血管被压闭住，中断血液，之后送往医院。注意事项有以下几个方面：

伤口封闭要严密，防止污染伤口松紧适宜，固定牢靠。

包扎时不用手和脏物触摸伤口。

包扎时要做到动作轻快，部位准。

不用水冲洗伤口（化学伤除外），不要在伤口上用消毒剂或消炎粉。

不要对嵌有异物或骨折断端外露的伤口直接包扎。

伤口上要加盖敷料，不要在伤口上应用弹力绷带。

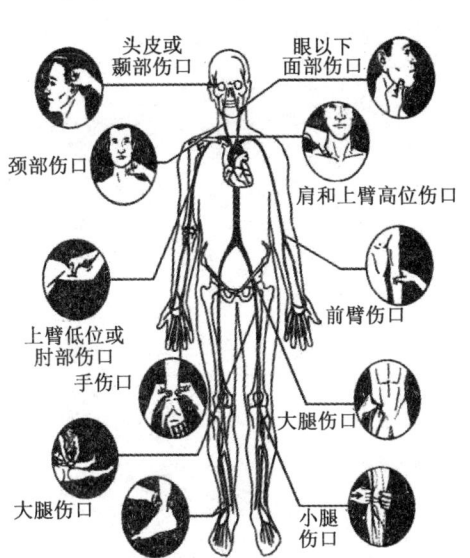

◆ 探究学习

1. 在地震过后，常常有外伤出现，有血液从伤口流出，这就是外出血，根据出血部位的不同，外出血可分为毛细血管出血、静脉出血和动脉出血三种。

根据动脉、静脉及毛细血管的结构特点及流血情况，初步判断下列三种情况可能是哪种血管的损伤而引起的出血，并说明理由。

血液呈水珠样慢慢渗出，血量少，呈红色。_____

血液持续不断、均匀地从伤口流出，呈暗红色。_____

血液呈喷射状并随脉搏一股一股地流出，呈鲜红色。_____

◆ 互动反馈

我认为在我们小组内_____同学发挥了引领作用，理由是：_____

2. 模拟外伤出血止血——加压包扎止血法

两个同学一组，其中一个同学用一条红色纸条黏在自己手臂上方用以模拟伤口，另一位同学用加压包扎止血法进行包扎。互换角色，进行互评。

在下面方框内画出手包扎的部位：

◆ 评价内容：主要观察包扎时是否部位准、动作快；收口封闭是否严密、松紧适宜、固定牢靠；包扎时是否有脏物接触到伤口等。

自评

互评

我们小组在探究这个问题时，总结的加压包扎止血法的要点和注意事项。

◆ 互动反馈

在这次加压包扎止血活动中，_____同学最值得点赞，理由（引领作用等）是：

 知识链接

医疗救援：心肺复苏（CPR）

心肺复苏（CPR）：当人突然发生心跳、呼吸停止时，必须在4～6分钟内建立基础生命维持，保证人体重要器官的基础血氧供应，直到建立高级生命维持或自身心跳、呼吸恢复为止，具体操作即心肺复苏。

① 意识判断

意识：轻拍双肩，在耳朵5厘米处呼叫，判断有无反应。不可摇晃、拍打病人。

颈动脉搏动：喉结、喉管旁2厘米处。

呼吸：看胸廓有无起伏，注意判断时间是10秒。

② 确认无呼吸意识者，立即呼叫拨打120

③ 急救医生没有到达之前，摆放患者为仰卧位

④ 胸外心脏按压

按压部位：胸部正中，乳头连线水平划肋弓方法胸骨中下1/3处以掌跟按压。

按压频率：>100次/分

按压深度：>5厘米

按压与呼吸比：30:2

⑤ 开放气道

检查病人体位是否正常，颈部无损伤，

判断意识　　呼救(打120)　　摆放仰卧体位

胸外按压30次　开放气道　　人工吹气2次
（儿童15次）　（仰头举额法）（儿童1次）

去枕平卧硬板床，头颈躯干位于同一条直线上。清理呼吸道异物，检查口腔内是否有分泌物及异物，如果看到即采用头偏向一侧体位，用食指将异物取出。

⑥人工呼吸

口完全包住患者口唇，防止漏气，吹气时捏鼻，呼气时松鼻，连续吹气2口，每次送气1秒、间隔2秒，吹气量500～600毫升（正常呼吸即可）。吹气与呼气时间相等，有效指征：以胸廓抬起为有效。

重复④⑤⑥步

成功特征：

① 面色、口唇由苍白、青紫变为红润；

② 恢复颈脉搏搏动、自主呼吸；

③ 瞳孔由大变小、对光反射恢复；

④ 肱动脉收缩压≥60毫米汞柱。

探究学习

1. 现场心肺复苏的关键步骤是什么？

2. 怎样判断患者意识、呼吸和心跳是否存在？

3. 用模型人练习心肺复苏

◆ 胸外按压：按压部位、手掌用力部位是否正确_____

◆ 人工呼吸：频率、吹气量_____

◆ 胸外按压：人工呼吸比是多少_____

4. 心肺复苏成功的标志是什么？

◆ 互动反馈

在这次操作活动中，_____同学最值得点赞，理由（操作规范、善于分析等）是：_____

活动评价表

评 价 内 容	自评	互评	师评
探究学习一			
知道怎样找到小区煤气开关			
知道什么样的空间容易发现幸存者			
能够画出容易发现幸存者的空间			
知道搜索幸存者的方法有哪些			
知道转运受伤幸存者的注意事项			
能够发现最棒的同学并说明理由			
探究学习二			
能够选择参与救援的搜救犬并说明理由			
能够通过测算选择到达目的地的路线			
知道搜索生命迹象的设备及其功能			
知道人工搜索的优缺点			
能够发现最棒的同学并说明理由			
探究学习三			
能够判断3种出血方式并说明理由			
能够发现发挥引领作用的同学并说明理由			
能够画出手包扎的部位及包扎方法			
能够根据要求对包扎时的要点进行自评和互评			
能够总结加压包扎止血法的要点和注意事项			
能够对表现最好的同学点赞并说明理由			

（续表）

评 价 内 容	自评	互评	师评
探究学习四			
知道现场心肺复苏的关键步骤			
知道怎样判断患者呼吸、心跳、意识是否存在			
能够对模型人进行心肺复苏练习			
能够画出心肺复苏过程中的操作步骤图			
知道心肺复苏成功的标志是什么			
能够对表现最佳的同学点赞并说明理由			

评价等级：优、良、中、差

活动三　高科技救援

知识链接

现代通信技术

通信技术和通信产业是20世纪80年代以来发展最快的领域之一。不论是在国际还是在国内都是如此。这是人类进入信息社会的重要标志之一。

纵观通信的发展分为以下三个阶段：第一阶段是语言和文字通信阶段。在这一阶段，通信方式简单，内容单一。第二阶段是电通信阶段。1837年，莫尔斯发明电报机，并设计莫尔斯电报码。1876年，贝尔发明电话机。这样，利用电磁波不仅可以传输文字，还可以传输语音，由此大大加快了通信的发展进程。1895年，马可尼发明无线电设备，从而开创了无线电通信发展的道路。第三阶段是电子信息通信阶段。从总体上看，通信技术实际上就是通信系统和通信网的技术。通信系统是指点对点通信所需的全部设施，而通信网是由许多通信系统组成的多点之间能相互通信的全部设施。而现代的主要通信技术有数字通信技术、程控交换技术、信息传输技术、通信网络技术、数据通信与数据网、ISDN与ATM技术、宽带IP技术、接入网与接入技术。信息传输技术主要包括光纤通信、数字微波通信、卫星通信、移动通信以及图像通信。

高科技救援行动中，无论是受灾单位和人员直接通话、位置确定、生命状态监控、环境数据监控、远程设备操控、视频监控等，现代通信技术都起着至关重要的作用。

探究学习

1. 设置通信模块AT指令

AT即Attention，AT指令集是从终端设备（Terminal Equipment，TE）或数据终端设备（Data Terminal Equipment，DTE）向终端适配器（Terminal Adapter，TA）或数据电路终端设备AT（Data Circuit Terminal Equipment，DCE）发送的。用户可以通过AT指令对通信模块进行呼叫、短信等方面的控制，或对通信模块进行设置。

◆ 每个通信模块都有一个自己独特的 MAC 地址（Media Access Control Address，也叫物理地址、硬件地址），通常表示为 12 个 16 进制数，如：00-16-EA-AE-3C-40，MAC 地址就如同身份证上的身份证号码，具有唯一性。请你利用 AT 指令集中的相应指令编写一段程序，查询一个蓝牙模块的 MAC 地址。

_____

◆ 互动反馈
我们小组在探究这个问题时遇到的困难是：_____
_____

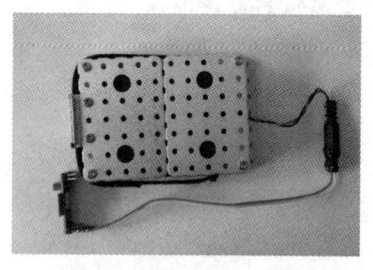

2. 建立信号发射系统

蓝牙技术是一种无线数据和语音通信开放的全球规范，它是基于低成本的近距离无线连接，为固定和移动设备建立通信环境的一种特殊的近距离无线技术连接。我们用蓝牙模拟定位信号发射源，如卫星定位系统失效时，需要用到的临时信号发射塔或高空气球，将一个蓝牙模块设置为从设备通电后即可发出信号。

◆ 你都知道有哪些设备包含有蓝牙模块？
_____

◆ 你所使用的蓝牙模块工作电压是多少？
_____

◆ 互动反馈
我认为在这个探究活动中，我们小组内_____同学发挥了引领作用，理由是：_____
_____

知识链接

常见定位技术

目前，常见的定位技术主要有：全球定位、基站定位、WiFi 定位、IP 定位、RFID/ 二维码等标签识别定位、蓝牙定位、声波定位、场景识别定位等。

在日常生活中最常见的车辆、手机、智能手表定位等，使用的是全球定位技术。全球定位技术主要的提供商有美国 GPS、俄罗斯 GLONASS、中国北斗和欧盟 GALILEO。全球定位技术的原理是使用 24 颗地球同步卫星，使得在全球任何地方、任何时间都可观测到 4 颗以上的卫星，测量出已知位置的卫星到用户接收机之间的距离，然后综合多颗卫星的数据就可知道接收机的具体位置。

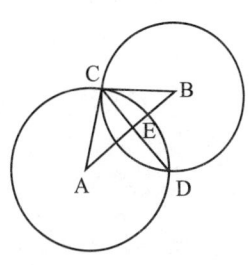

探究学习

1. 制作便携式定位设备

定位设备就是被定位的目标，它需要被"受灾单位"携带，对"受灾单位"的定位其实就是对该设备的定位。此设备需要有一个接收装置，可以接收 3 个发射塔的信号，还需要有一个发射装置，将自身的坐标值发送给救援指挥系统。

◆ 便携式定位设备的接收功能由什么模块提供，具体型号和设置要点是什么？

◆ 便携式定位设备的发射功能由什么模块提供，具体型号和设置要点是什么？

_____

_____

2. 实现定位并计算坐标值

定位设备接收装置是一个被设置为"主设备"的蓝牙模块，它可以检测到周围蓝牙模块的信号强度值，单片机的程序里事先建立好了直角坐标系，记录了3个信号塔的坐标位置，通过将信号强度值代入公式计算，即可得到"主设备"的坐标值。

◆ 为什么我们使用的定位技术需要至少3个信号发射塔？

_____

便携式定位设备的计算功能由什么模块提供，具体型号和程序要点是什么？

_____

◆ 互动反馈

我认为在探究这个问题时，遇到的最大困难是_____，最后解决的方法是：_____

知识链接

LCD、LED、OLED、QLED 的区别

在 OLED 显示器成熟之前，LCD 显示器是主流的显示设备。LCD 是 Liquid Crystal Display，即液晶显示屏，其构造是在两片平行的玻璃基板之间放置液晶盒，下基板玻璃上设置薄膜晶体管，上基板玻璃上设置彩色滤光片。通过控制薄膜晶体管上液晶分子的转动方向，来控制每个像素点上偏振光线的通过与否，从而达成显示的目的。LCD 本身是不发光的，需要额外的光源，如背光或边缘光。常见的电脑 LCD 显示器和 LCD 电视，就是由白色 LCD 光源加上 LCD 面板构成的。

LED 是发光二极管 Light-Emitting Diode，与 OLED 写法很相近，但实际上差别非常大。LED 显示屏是一种通过控制半导体发光二极管的显示方式，靠灯的亮灭来显示字符。其发光原理是利用半导体中电子与电洞结合时，将释放的能量以光子的形式释出而发光。在液晶显示屏中，LED 只发出白光，利用上基板玻璃上的彩色滤光片，呈现出彩色。让 LED 发出白光的方式有 2～3 种，每种都需要用到蓝光 LED。红、橙、黄、绿、翠绿 LED 很早就发明了，而高亮度蓝光 LED 到 1993 年才发明，其发明者获得了 2014 年诺贝尔物理学奖。

独立使用的 LED，如 LED 广告屏等，以红光 LED 较为常见，如下图所示。

OLED（Organic Light-Emitting Diode），即有机发光二极管。OLED 是一种快速崛起的新技术，很可能成为 LED 的替代者。OLED 是通过电流驱动有机薄膜来发光的，可以发出红、绿、蓝和白等单色光，因此可以组合成全彩光，OLED 可以自发光的，不需要额外光源。OLED 面板还具有可弯曲的特点，这是 LED 面板完全无法做到的地方，现在许多可折叠屏幕都是用 OLED 制作的。

QLED（Quantum Dot Light Emitting Diodes），量子点发光二极管是指由耶鲁大学的物理学家马克·里德命名的量子点（Quantum Dots），它具体是指一些肉眼无法看到的、极其微小的半导体纳米晶体，通常说来，量子点是由锌、镉、硒和硫原子组合而成。它也是一种粒径不足 10 纳米的颗粒，如果将其制作成量子点薄层，并将该层置入液晶显示器（LCD）的背光模组（BLU, Backlight Unit）中，以期相较于未使用量子点薄层的液晶显示器，就更能降低背光亮度落失及 RGB 彩色滤光片（Color filter）的色彩串扰（Cross talk），进而得到更佳的背光利用率及提升显示色域空间（Color gamut）的优点的方式，而此种方式的应用也同样使用于拥有彩色滤光片设计的白光、蓝光或紫外光（UV）的有机发光二极管（OLED）显示器或电视设备。

> 探究学习

建立救援指挥中心，并显示坐标值

在定位装置上安装第二个蓝牙模块，该模块的作用是将单片机计算得到的坐标值发送出去。利用另一组单片机和蓝牙模块作为接收设备，可接收到该坐标值，同时安装一个 OLED 显示器，可以将接收到的坐标值显示出来。

◆ 将定位装置放置在场地的正中央，写下此时你接收到的坐标值。

_____

你使用的 OLED 显示屏有多少个横点和多少个纵点？

_____

◆ 将第二个定位装置放置在场地的左下角，写下此时你接收到的坐标值。

_____

◆ 互动反馈

我认为在这个探究活动中，我们小组内_____同学发挥了引领作用，理由是：_____

_____

_____

> 知识链接

救援机器人

救援机器人是为救援目的而研制的机器人设备。针对不同的救援场景，所需的救援机器人也不尽相同，如地震救援机器人、战场救援机器人、火灾救援机器人、核灾难救援机器人等。不同应用场景也意味着不同的功能设计，如地震救援机器人往往用于地震后在废墟中寻找幸存者，这种机器人往往需要较小的体积，较轻的重量，需要配备作业机械臂、彩色摄像机、生命探测仪和通信系统等。

探究学习

1. 设计救援机器人

设计救援机器人，并利用机械零件和电机装配本体，然后根据功能设计为其安装电子模块，如单片机、蓝牙模块、摄像头以及电源等。

◆ 请画出你设计的救援机器人的结构简图。

◆ 你设计的救援机器人使用了多少个电机，分别是什么电机？

2. 救援机器人遥控

利用蓝牙模块可以和手机进行连接，并利用手机 App 实现对机器人的遥控。

◆ 请你画出你设计的手机 App 遥控界面。

◆ 你设计的遥控命令分别用什么字符代表？

◆ 互动反馈

我认为在这个探究活动中，我们小组内_____同学表现最佳，理由是：

 知识链接

无线视频监控

无线视频监控概念就是指不用布线（线缆）而利用无线电波来传输视频、声音、数据等信号的监控系统。无线视频监控分为模拟微波传输和数字微波传输。在无线视频监控系统中，摄像头是最前端、最基础、投资数量最大的一个产品，也是最关键设备，它负责对监视区域进行摄像并转换成电信号，再进一步用于传输，其质量直接影响视频监控系统的整体应用，同时还关系到工程造价。

探究学习

1. 搭建 Wi-Fi 网络

使用无线路由器提供一个 Wi-Fi 信号,将摄像头安装在无线路由器上构成一个无线视频采集设备。

◆ 大家日常上网都会用到 Wi-Fi,那么请你查阅资料弄清楚:Wi-Fi 的全称是什么?它采用的标准是什么?该标准的含义又是什么?

_____

_____

◆ 你查阅了什么资料,在哪里查的?

_____

_____

◆ 互动反馈

我认为在探究这个问题时,遇到的最大困难是_____,最后解决的方法是:_____

_____

_____

2. 传输视频画面

在手机上安装对应的 Wi-Fi 视频 App,实现在手机上显示监控画面。

◆ 项目中用到的摄像头是 CMOS 摄像头,请你查阅资料确定 CMOS 摄像头的特点,以及与 CCD 摄像头的区别。

_____

_____

第四单元 地震救护

◆ 通过实验确定本项目中使用的 Wi-Fi 路由器的覆盖范围，将实验方法、过程和结果写下来。

示例：探讨 Wi-Fi 强信号的覆盖范围，实验方法：手机连接 Wi-Fi 路由器，以路由器为圆心，沿射线方向移动，过程中观察 Wi-Fi 强度变化，当强度由满格变为 3 格时，记录此时离圆心的距离，该半径就是 Wi-Fi 强信号的覆盖范围。

_____

_____

◆ 互动反馈

我认为在这个探究活动中，我们小组内_____同学发挥了引领作用，理由是：_____

_____

知识链接

传感器

传感器（英文名称：transducer/sensor）是一种检测装置，能感受到被测量的信息，并能将感受到的信息，按一定规律变换成为电信号或其他所需形式的信息输出，以满足信息的传输、处理、存储、显示、记录和控制等要求。

DHT11 数字温湿度检测模块，是一款含有已校准数字信号输出的温湿度复合传感器，它应用专用的数字模块采集技术和温湿度传感技术，传感器包括一个电阻式感湿元件和一个 NTC 测温元件，每个 DHT11 模块都在极为精确的湿度校验室中进行校准。校准系数以程序的形式存在 OTP 内存中，传感器内部在检测型号的处理过程中要调用这些校准系数。

红外热释电传感器可用于检

测人体。它的探测元件主要是由高热电系数的材料，如锆钛酸铅系陶瓷、钽酸锂、硫酸三甘钛等制成。人体辐射的红外线中心波长为 9～10 μm，而探测元件的波长灵敏度在 0.2～20 μm 范围内几乎稳定不变。在传感器顶端开设了一个装有滤光镜片的窗口，这个滤光片可通过光的波长范围为 7～10 μm，正好适合于人体红外辐射的探测，而对其他波长的红外线由滤光片予以吸收，这样便形成了一种专门用作探测人体辐射的红外线传感器。

探究学习

◆ 在定位装置上增加一个温湿度传感器，使其能够获取环境温湿度数据。请你记录一下你所处的环境下的温度和相对湿度。

◆ 互动反馈

我认为在这个探究活动中，我们小组内_____同学发挥了引领作用，理由是：_____

知识链接

地震救援

地震救援主要是指迅速搜索与营救由于地震造成的建筑物破坏而被压埋人员的举动。在地震发生后展开救援的第一步是搜索工作。而在搜索之前必须要进行正确的区域、场所的划分和设定，现场必须实施警戒，严格控制人员出入，设立工作区、装备区、指挥部等，这样才能提供良好的搜索环境，提高搜索效率。能带来更多人员的幸存。

探究学习

设置好地震高科技救援模拟场地，放置好"受困人员"模型、障碍等，"受困人员"持有便携式定位仪。

地震发生后，通信中断，临时定位信号发射设备安装在紧急竖立的信号塔上或搭乘热气球升空，为便携式定位仪提供定位信号。救援指挥部成立，在救援指挥部的屏幕上可以显示"受困人员"的坐标和环境温湿度信息，救援人员在指挥部视频遥控救援机器人进入震区。救援指挥部的屏幕上可以显示救援机器人的定位信息，从而判断救援机器人与"受困人员"的位置关系。

救援机器人来到"受困人员"附近，利用生命探测仪对"受困人员"进行精确定位，然后搬开障碍，救出"受困人员"，并返回救援指挥部。

◆ 互动反馈

我认为在探究这个问题时，遇到的最大困难是_____，最后解决的方法是：_____
_____
_____

我认为在这个探究活动中，我们小组内_____同学发挥了引领作用，理由是：_____
_____
_____

◆ 在这个高科技救援方案的设计中，你认为还有哪些需要注意的问题以及可以改进的地方？
_____
_____
_____

活动评价表

评价内容	自评	互评	师评
探究学习一			
能够编写一段程序查询某蓝牙模块的 MAC 地址			
能够说出设备包含的蓝牙模块			
知道蓝牙模块工作时的电压			
能够发现最棒的同学并说明理由			
探究学习二			
知道便携式定位设备接收功能的模块构成、具体型号、设置要点			
知道便携式定位设备发射功能的模块构成、具体型号、设置要点			
说出定位技术需要至少 3 个发射塔的原因			
知道便携式定位设备计算功能的模块构成、具体型号、程序要点			
在遇到困难时,能够想出解决办法并解决困难			
探究学习三			
能够安装第二个蓝牙模块,读写出接收到的置于场地中央的坐标值			
观察自己使用的 OLED 显示屏,能够说出显示屏的横、纵点个数			
读写出接收到的置于场地左下角的坐标值			
能够发现起引领作用的同学并说明理由			
探究学习四			
能够画出自己设计的营救机器人结构简图			

（续表）

评价内容	自评	互评	师评
说出自己设计的机器人用了多少个电机，分别是什么电机			
能够画出自己设计的手机 App 遥控界面			
能够说出自己设计的字符所代表的遥控命令			
能够发现表现最佳的同学并说明理由			
探究学习五			
知道 Wi-Fi 的全称、采用的标准及该标准的含义			
会查阅资料，并写出资料的出处			
能够通过查阅资料了解 CMOS 摄像头的特点及与 CCD 摄像头的区别			
通过实验确定 Wi-Fi 路由器的覆盖范围			
能够对引领作用的同学点赞并说明理由			
探究学习六			
能够安装温湿度传感器并记录所处环境的温度和相对湿度			
能够发现发挥引领作用的同学并说明理由			
探究学习七			
能够设置模拟地震高科技救援场地并完成救援			
在遇到困难时，能够想出解决办法并解决困难			
能够发现发挥引领作用的同学并说明理由			
能够反思在高科技救援方案的设计中需要注意的问题及可以改进的地方			

评价等级：优、良、中、差

活动四　救护知识普及

知识链接

自救原则是什么

大地震中被倒塌建筑物压埋的人，只要神志清醒，身体没有重大创伤，都应该坚定获救的信心，妥善保护好自己，积极实施自救。（1）要尽量用湿毛巾、衣物或其他布料捂住口、鼻和头部，防止灰尘呛闷发生窒息，也可以避免建筑物进一步倒塌造成的伤害。（2）尽量活动手、脚，清除脸上的灰土和压在身上的物件。（3）用周围可以挪动的物品支撑身体上方的重物，避免进一步塌落；扩大活动空间，保持足够的空气。（4）几个人同时被压埋时，要互相鼓励，共同计划，团结配合，必要时采取脱险行动。（5）寻找和开辟通道，设法逃离险境，朝着有光亮更安全宽敞的地方移动。（6）一时无法脱险，要尽量节省气力。如能找到代用品和水，要计划节约使用，尽量延长生存时间，等待获救。（7）保存体力，不要盲目大声呼救。在周围十分安静，或听到上面（外面）有人活动时，用砖、铁管等物敲打墙壁，向外界传递消息。当确定不远处有人时再呼救。

探究学习

1. 作为小小指导员，你将采取什么方式，让大众知道自救的原则？（海报宣传、短视频、现场情景模拟、知识讲座等）

2. 我的具体做法是：_____

_____

我同桌的做法是：_____

_____

3. 我在指导过程中遇到的困难是：_____

解决办法是：_____

_____

📖 知识链接

被困在室内应如何保护自己？

震后余震不断发生，你的环境可能进一步恶化，等待救援要有一定时间，因此，你要尽量保护自己。①沉住气，树立生存的信心，要相信一定会有人来救你。②保持呼吸畅通，尽量挪开脸前、胸前的杂物，清除口、鼻附近的灰土。③设法避开身体上方不结实的倒塌物、悬挂物。④闻到煤气及有毒异味或灰尘太大时，设法用湿衣物捂住口、鼻。⑤搬开身边可移动的杂物，扩大生存空间。⑥设法用砖石、木棍等支撑残垣断壁，以防余震时进一步被埋压。

📖 探究学习

1. 在商场，假如你是一个 VR 指导员，你有什么办法吸引顾客前来体验？

_____

我同桌对我提出的办法的看法是：_____

_____

2. 如果来体验的人蜂拥而至，体验设备只有两台，很多人在等待中开始抱怨，你会怎么解决人多机少、顾客在等待过程中的焦躁情绪呢？

_____

_____

_____

3. 在体验过程中，如果机器出现故障，你会怎么解决？

_____

4. 在体验过程中，顾客出现惊恐情绪时，你会怎么安慰顾客？

_____

5. 在指导过程中，_____同学解决问题方法最为有效，他的解决办法是：
_____

知识链接

在废墟中如何设法逃生？

①设法与外界联系。仔细听听周围有没有人，听到人声时敲击铁管、墙壁，以发出求救信号。②与外界联系不上时，可试着寻找通道。观察四周有没有通道或光亮；分析、判断自己所处的位置，从哪儿有可能脱险；试着排开障碍，开辟通道。③若开辟通道费时过长、费力过大或不安全时，应立即停止，以保存体力。

★ 若被塌落重物压住身体的自救方法

查清压在身上的物体为何物。

检查自己是否受伤，若未受伤，根据情况向外缓慢拽拉身体。

若已受伤，应及时用衣服等物包扎好伤口，等待救援。

★ 若被废墟埋压的自救方法

挪开脸和胸前的杂物，清除口鼻的灰尘。

尽力挣脱手脚，设法避开身体上方不结实的倒塌物，小心翼翼地移开压在身上的物体。

用砖石、木棍等可移动的物品支撑身体上面的重量及残垣断壁。

捂住口鼻，朝有光亮或宽敞的地方移动。

★ 若无法自救时，延长生存时间的方式

树立坚定的生存信念。

不要大哭大叫，减少体力消耗。

尽量注意休息，保存体力。

寻找一切可以维持生命的食物和水。

★ 若无法脱险时的求救方式

当听到废墟外面有声音时，要不断地敲击身边能发出声音的物品，如金属管道等，向外界求救。

探究学习

1. 判断对错（对的画✓，错的画✗）

压在废墟中，要不断地大声喊叫，不然就失去被救的机会了。（　　）

在地震中被压在废墟中，应挪开脸和胸前的杂物，清除口鼻的灰尘。（　　）

当听到废墟外面有声音时，要不断地敲击身边能发出声音的物品，如金属管道等，向外界求救。（　　）

2. 假如你是上海市嘉定区地震体验馆的小小指导员，50名小学生来到地震馆举行游学活动，你会怎么安排这批学生的游学活动？请写出本次游学活动的活动流程。

3. 假如你要讲解地震过程中被困在废墟中的逃生办法，你会采取什么办法，让小学生快速掌握这一技能。

4. 在本次活动过程中，_____同学具有较强的组织和策划能力，主要体现在：

知识链接

震后救人

★ 正确的救人原则

优先救助附近被埋遇险者,避免舍近求远。

优先救助容易被救出的人、青壮年和医疗人员。

救出后迅速包扎受伤人员的伤口。

★ 寻找废墟下幸存者的方式

使用红外、测声、光学目视和无线电测向定位等高科技探测技术寻找。

通过救生犬、人工喊话、敲击传声等方法寻找。

根据被埋压者家属、亲朋好友、邻居等提供的线索寻找被埋者方位。

★ 正确的救生方法

挖掘被埋压人员时,不要盲目撤出支撑物,以防塌陷对被埋压者造成新的伤害。

先使被埋者露出头部,清除其口鼻中的灰尘,使其呼吸通畅,若已窒息,立即进行人工呼吸。

当被埋压者不能自行爬出时,不要硬拉而应扒救,待其身体全部露出后再抬起。

先对受伤者采取现场应急处理,再送医院治疗。

若无法马上救出幸存者,要做好标记,寻求支援。

探究学习

1. 我是一名地震营救员，在一片废墟中，我身旁有一个生命，但在距离身旁50米处听到有敲击钢管的声音，我应该先救哪一个人呢，为什么？

_____

_____

2. 我可以通过哪种方式发现生命迹象？

1	例：使用红外、测声、光学目视和无线电测向定位等高科技探测技术寻找
2	
3	

3. 作为小小指导员，我将采取什么方式，让大众掌握救人的方法？

例：做海报，将救人的原则、查找生命迹象的方法、救人的方法做成图文并茂的海报。

_____

_____

_____

4. 在指导过程中，_____同学的方法最有效，他的指导办法是：_____

_____

_____

_____

知识链接

掩埋者的救护

★ 扒挖被埋压者注意事项

当扒挖接近到被埋压者时，应停止使用工具刨挖，戴上防护手套用手扒挖和清理。

将新鲜空气导入被埋压者所处的封闭空间。

如果灰尘太大，应使用喷水等措施降尘。

尽可能将水、药物、食品等递送给被埋压人员，维持其生命。

★ 救护长时间被埋压者的注意事项

将获救者的眼睛蒙住，避免强烈光线刺激。

不要使其突然呼吸大量的新鲜空气。

不要让其一次进食大量的水和食物。

现场应急处理后，立刻送往医院治疗。

探究学习

1. 如果你是一个调查员，请你设计一份调查问卷，统计大众对掩埋者的救护方法的知识储备。你会如何设计这张调查问卷？（　　　）

A. 单选题　　　B. 多选题　　　C. 判断题　　　D. 问答题

你这样设计的原因是：_____

我的同桌的问卷是这样设计的：_____
_____

2. 通过问卷的结果统计，我发现大众在_____
_____方面的知识比较薄弱，所以我想通过_____方式，向大众普及这些知识。我采取这种方式的理由是：_____
_____
_____

3. 在指导过程中，_____同学的方法最有效，他的指导办法是：_____
_____
_____

知识链接

震后突发情况的应急逃生方式

★ 震后发生气体泄漏和火灾的应急逃生方式

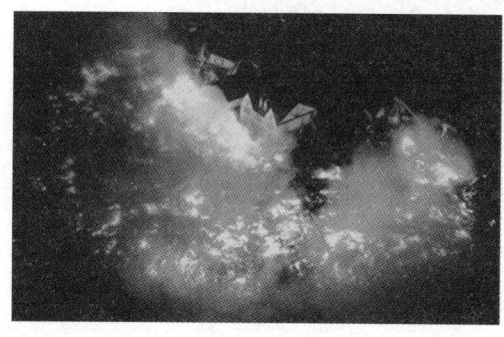

闻到有毒或易燃气体泄漏时，应用湿毛巾捂住口鼻，向上风方向转移。遇到火灾时，用水浸湿衣服或被子等披在身上，用湿毛巾捂住口鼻，匍匐逃离火场。

三楼以下逃生时，可用窗帘、床单结成绳子，拴在坚固的构件上，顺势滑下；或利用落水管等逃生。

★ 地震引发海啸、洪水时的应急逃生方式

远离海岸，避开山涧、谷底和河流。

选择在河流两侧的斜坡、山区上避难。

避开狭窄的巷子及建筑物密集地带,躲避到高地上。

若来不及,可到坚固的高大建筑物上躲避。

★ 震后恢复注意事项

当发现有毒、易燃气体泄漏或房屋倒塌时,尽快向有关部门报告。

不要随意使用明火,确认安全后,才能在有关人员的指导下用电、生火。

注意饮食和个人卫生,按规定服用预防药物,增强身体抵抗力。

及时收听广播,收看政府公告。

积极投入恢复重建工作。

探究学习

1. 判断对错(对的画✓,错的画×)

闻到有毒或易燃气体泄漏时,应用湿毛巾捂住口鼻,向上风方向转移。(　　)

遇到火灾时,用水浸湿衣服或被子等披在身上,用湿毛巾捂住口鼻,匍匐逃离火场。(　　)

地震引发海啸、洪水时,应该避开高地,躲避在狭窄的巷子及建筑物密集地带。(　　)

2. 震后恢复,我们应该注意的事项。

1	例:当发现有毒、易燃气体泄漏或房屋倒塌时,尽快向有关部门报告。
2	
3	

3. 在本次活动中,＿＿＿＿同学的正确率最高,他的经验方法是:＿＿＿＿

活动评价表

评 价 内 容	自评	互评	师评
探究学习一			
能够采取合适的方式让众人了解自救的原则			
能够详细说出自己的实施方案及同桌的实施方案			
在遇到困难时,能够想出解决办法并解决困难			
探究学习二			
作为一个 VR 指导员,你有办法吸引顾客前来体验,能够让同桌评价自己的办法是否有效			
能够解决人多机少带来的问题			
能够应对机器故障带来的问题			
顾客体验过程中能够安抚情绪			
能够发现善于解决问题的同学并说明理由			
探究学习三			
能够判断废墟逃生的方法是否正确			
能够写出本次游学活动的活动流程			
能够选取合适的方法让小学生掌握被困废墟时的逃生技能			
能够发现组织和策划能力强的同学并写出表现			
探究学习四			
能够判断救人的方式并说明理由			
能够列举判断生命迹象的方式			
能够选择合适的方法,让大众掌握救人的方法			
能够发现指导方法好的同学并说出指导方法			

（续表）

评 价 内 容	自评	互评	师评
探究学习五			
能够采取合适的方式设计调查问卷			
能够通过问卷发现大众的知识短板并采取合适的方式普及知识			
能够发现指导有效的同学并说出他的指导办法			
探究学习六			
能够判断震后突发情况的应急逃生方式			
能够写出震后恢复，我们应该注意的事项			
能够找出本组正确率高的同学并说出他的经验			

评价等级：优、良、中、差

第五单元 震后重建

活动一 震后损失调查

知识链接

地震灾害的危害

地震灾害是对人类生命和财产威胁最大的自然灾害,号称群灾之首。地震灾害对人类社会的破坏多是以建筑物的倒塌而造成的。2008年我国境内共发生5级以上地震99次(我国大陆地区发生87次,海域和台湾地区发生12次),其中,8.0级以上地震1次,7.0~7.9级地震1次,6.0~6.9级地震19次,5.0~5.9级地震78次,最大地震为2008年5月12日发生在四川省汶川县的8.0级地震。汶川地震序列中8.0级以上地震1次,6.0~6.9级地震8次,5.0~5.9级地震34次,占全年大陆5.0级以上地震发生次数的一半。

序号	震级	发震时刻	纬度(°)	经度(°)	深度(km)	参考位置
1	6.3	2008-11-10 09:22:00	37.60	95.90	10	青海海西蒙古族藏族自治州
2	6.6	2008-10-06 16:30:00	29.80	90.30		西藏拉萨市当雄县
3	6.8	2008-10-05 23:52:00	39.50	73.90		新疆克孜勒苏柯尔克孜自治州乌恰县
4	6.8	2008-08-25 21:22:00	31.00	83.60	10	西藏日喀则地区仲巴县
5	6.0	2008-07-13 22:58:00	21.10	120.80	10	台湾恒春海域
6	6.4	2008-05-25 16:21:46	32.60	105.40	10	四川青川县
7	6.0	2008-05-18 01:08:23	32.10	105.00	33	四川江油市
8	8.0	2008-05-12 14:28:00	31.00	103.40	14	四川汶川县
9	6.1	2008-04-24 02:28:45	23.00	121.70	33	台湾东部海中
10	7.3	2008-03-21 06:33:02	35.60	81.60	33	新疆于田县
11	6.9	2008-01-09 16:26:47	32.50	85.20	33	西藏改则县

探究学习

1. 2008年地震灾害分布情况探究

请利用互联网浏览中国地震局关于2008年的历史地震列表和中国地震局发布2008年中国大陆地震灾害损失述评相关内容，完成《2008年中国地震（M>5.0）空间分布图》。具体链接如下：

中国地震局：https://www.cea.gov.cn/cea/index/index.html

2008年历史地震列表

https://www.cea.gov.cn/eportal/ui?pageId=366506&startDate=2008-01-01%2000:00:00&endDate=2008-12-31%2023:59:59&startMagnitude=0&endMagnitude=10&areaname=%E4%B8%AD%E5%9B%BD&isshow=yes&currentPage=2

2008年中国大陆地震灾害损失述评

http://www.gov.cn/gzdt/2009-02/16/content_1232718.htm

具体要求：

◆ 请结合你的探究学习，写出2008年中国大陆地区地震灾害的特点。

2. 中国地震直接损失情况调查

2008年中国大陆地区有17次地震成灾事件。其中5月12日的四川汶川8.0级地震造成69227人死亡，17923人失踪，375783人受伤，地震造成直接经济损失8451亿元。汶川8.0级地震是我国近30年来遭受的最为严重的地震灾害，是近30年来最为严重的自然灾害，全国各地、南亚、东南亚等地均有震感，四川、甘肃、陕西、重庆、云南、宁夏等地不同程度受灾。地震不仅给灾区人民带来极大的伤痛和苦难，同时也给全体中华儿女和世界各国人民带来悲恸。

2008年中国地震（M>5.0）空间分布图

◆ 选择题：每年（　　　）为我国防灾减灾日。

A．9月11日　　　B．5月12日　　　C．4月22日　　　D．6月5日

汶川地震造成的直接经济损失8451亿元人民币。四川损失最严重，占到总损失的91.3%，甘肃占到总损失的5.8%，陕西占总损失的2.9%。国家统计局将损失指标分3类，第一类是人员伤亡问题，第二类是财产损失问题，第三类是对自然环境的破坏问题。在财产损失中，房屋的损失很大，民房和城市居民住房的损失占总损失的27.4%。包括学校、医院和其他非住宅用房的损失占总损失的20.4%。另外还有基础设施，道路、桥梁和其他城市基础设施的损失，

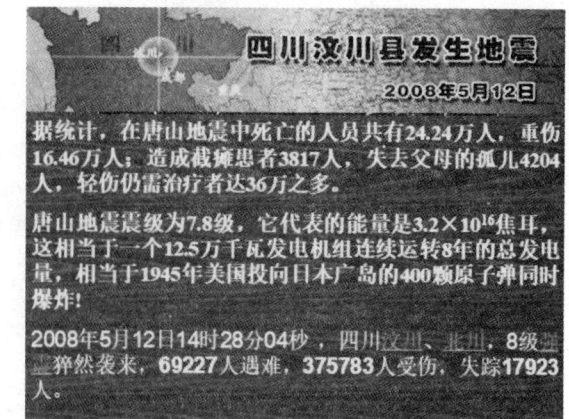

占到总损失的21.9%。这三类是损失比例比较大的，70%以上的损失是由这三方面造成的。

◆ 请结合上述材料和以前的学习，借助互联网，完成"地震损失调查表"。

近百年来中国地震损失调查表

内容 名称	时间	震级	遇难人数	受伤人数	经济损失	评价及影响
宁夏海原地震						
新疆富蕴地震						
广东河源地震						
河北邢台地震						
辽宁海城地震						
河北唐山地震						
四川汶川地震						
四川雅安地震						

3. 中国地震间接损失情况调查

"5·12"汶川地震对四川省文物造成一定影响，受损文物约占全省文物五分之一。绵阳市8处国家级重点文物保护单位，有5处严重受损，30个省级文保单位，24个受损。其中平武县有3500年历史的报恩寺损毁严重。都江堰40余处古建筑中，有95%在这次地震中受损，其中受损最严重的，除了泰安寺，还有二王庙、伏龙观、青城山天师洞的黄帝祠等。阿坝州80%～90%的藏羌碉楼可能已经受损，桃坪羌寨局部垮塌。

◆ 请查找相关资料,列举汶川地震还造成了哪些间接损失,并加以分析。

_____

_____

◆ 请结合你的探究学习,列举中国其他地震间接损失情况,并加以分析。

_____

_____

◆ 请结合你的探究学习,列举对中国影响最大的地震,并说明理由。

_____

_____

◆ 互动反馈

我们小组对上述问题的探究意见一致和不一致的内容是:_____

_____

_____

4. 世界地震损失情况调查

2009年萨摩亚群岛8.0级地震

2009年印度尼西亚爪哇7.3级地震

2012年意大利博洛尼亚6.3级地震

2010年海地7.3级地震

2011年日本9.0级地震

2011年新西兰6.3级地震

2013 年伊朗 7.8 级地震　　2014 年墨西哥 7.2 级地震　　2014 年泰国 6.1 级地震

◆ 请根据上节课所学内容，设计一张世界地震损失调查表。

◆ 我们小组在探究这个问题时遇到的困难是：_____
_____
_____
_____

第五单元　震后重建

◆ 互动反馈

我认为在我们小组内_____同学发挥了引领作用，理由是：_____

_____

_____

_____

知识链接

地震灾情及范围

★ 地震灾情（earthquake disaster situation）

地震的灾区范围、等级以及地震造成的人员伤亡、建筑和生命线工程破坏、地质灾害、次生灾害和对社会影响的基本情况。

★ 灾区范围（disaster area）

地震直接造成人员伤亡、工程结构破坏、环境破坏的区域。

山西省洪洞地震损失记录

距今七百多年前的山西洪洞赵城曾经发生过8级强度的大地震。这是我国历史上记载的第一个8级大地震。根据史料描述：元朝大德七年八月初六（即公元1303年9月17日）山西行省洪洞赵城发生强烈地震，"民居官舍荡然无存，山摧阜移，其土之奋怒奔突数里，跨涧鄄谷，郇堡徙十余里"，这场强烈地震直接使得山西的地貌都为之改变，"百姓死亡20万有余"，可见这场强震之烈、破坏之重、伤亡之大。现在的山西洪洞至今还有这次地震的遗迹。

探究学习

1. 地震信息

◆ 2016年4月14日，日本熊本县发生了6.5级的地震，据日本NHK报道，受强地震造成的田地受损、农产品无法出售等影响，当地农林业受损最少可达236亿日元，数据236亿用科学计数法表示为（　　　）

A. 2.36×10^8　　　B. 2.36×10^9　　　C. 236×10^{10}　　　D. 2.36×10^{11}

◆ 1976年7月28日，在中国河北省唐山、丰南一带发生了强度里氏＿＿＿级，震中烈度＿＿＿度，震源深度＿＿＿＿千米的地震，地震持续约12秒。有感范围广达＿＿＿个省、市、自治区，其中北京市和天津市受到严重波及。强震产生的能量相当于＿＿＿颗广岛原子弹爆炸，造成＿＿＿人死亡，重伤＿＿＿人，名列20世纪世界地震史死亡人数第一。

2. 写地震损失评估报告

地震损失评估报告应包括以下内容：

（1）灾区范围和灾区等级；

（2）人员伤亡与受灾人口；

（3）房屋建筑破坏程度及分布；

（4）生命线工程破坏程度及其功能影响；

（5）地震地质灾害；

（6）地震次生灾害；

（7）地震社会影响。

地震灾情应急评估应按下列步骤进行：

（1）获取地震基本参数及地震动记录、破裂过程、震源机制解等相关信息；

（2）收集灾区人文经济、自然地理等基本信息；

（3）对地震灾情进行初步估计；

（4）调查和获取震害信息；

（5）动态修正和评估地震灾情；

（6）编写地震应急灾情评估报告。

◆ 请查找相关资料，根据以上要求，为云南鲁甸地震撰写一份损失评估报告。

2014年8月3日，云南鲁甸发生6.5级地震，房屋倒塌，人员死伤惨重。

◆ 我们小组在探究这个问题时遇到的困难是：_____

◆ 互动反馈

我认为在我们小组内_____同学发挥了引领作用，理由是：_____

知识链接

汶川地震伤亡原因

★ 人员伤亡重、分布范围广的原因

（1）此次地震的震级大、震源深度浅、破坏力强，且发生在人口密度较大的地方。

（2）汶川地震震区地处高山峡谷地带。

（3）汶川地震属逆冲型地震。

（4）部分房屋的抗震设防能力不足。

（5）地震安全知识不足。

探究学习

1. 造成地震损失的直接原因

◆ 地震造成的人员伤亡最主要原因是（　　）。

A. 各类建筑物的破坏和坍塌砸伤人　　B. 大地震动

C. 地面开裂　　　　　　　　　　　　D. 火灾

◆ 2008年5月12日，我国四川省汶川县遭受了特大地震灾害，给当地人民带来了巨大的生命财产损失。地震发生后，全国人民发扬"一方有难，八方支援"的精神，纷纷捐款捐物，截止到5月20日，我国民政部共收到国内捐款125.16亿元，把这个数改写成用"1"作单位的数是＿＿＿＿＿＿，读作＿＿＿＿＿＿。

◆ 2008年5月12日，四川的汶川地区发生了8级大地震，造成极为严重的损失，在震区，许多建筑物倒塌，但处于震区的如图所示工程虽然建于2000多年前，却没有损毁和垮塌，令人惊叹。该工程是（　　）

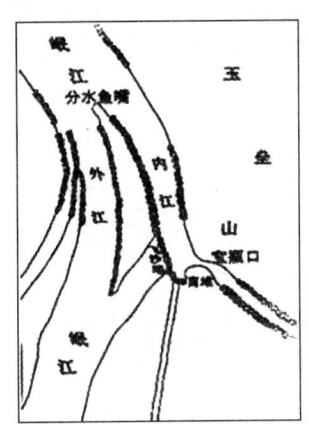

A. 葛洲坝

B. 三峡大坝

C. 都江堰

D. 灵渠

◆ 1976年唐山发生7.8级地震，使整座城市的建（构）筑物破坏，顷刻间化为一片废墟。这次地震造成灾害的原因是由于当时唐山地区的建设（　　）。

A. 没按抗震设防要求设计

B. 建在活断层上

C. 位于软弱地基上

◆ 摩洛哥艾加迪尔的一个旅馆，在5.8级地震的袭击下成为一堆瓦砾，它遭到破坏的原因是它（　　）。

A. 没按抗震设防要求设计　　B. 建在活断层上　　C. 位于软弱地基上

◆ 1964年日本新潟地震造成多栋建筑倾倒、下陷，其原因是它（　　）。

A. 没按抗震设防要求设计　　B. 建在活断层上　　C. 位于软弱地基上

第五单元　震后重建

◆ 1985年在离墨西哥首都墨西哥城约400千米的海域连续发生了8.1级和7.5级强烈地震，给远离震中的墨西哥城造成了严重的震害和经济损失，其原因是墨西哥城（　　）。

A. 没按抗震设防要求设计　　B. 建在活断层上　　C. 建于软弱地基上

2. 综合性分析

◆ 2008年10月6日16时30分，在西藏拉萨市当雄县境内发生6.6级地震，西藏拉萨、日喀则、云南等地有明显震感。截至10月10日，地震已造成拉萨市61231人受灾，死亡10人。而同年5月12日14时28分，四川省阿坝州汶川县发生里氏8级大地震，造成四川、甘肃、陕西、重庆、云南、山西、贵州、湖北8省市不同程度受灾。截至29日12时，四川汶川地震已造成69197人遇难，374177人受伤，失踪18404人。结合下图，完成下列各题。

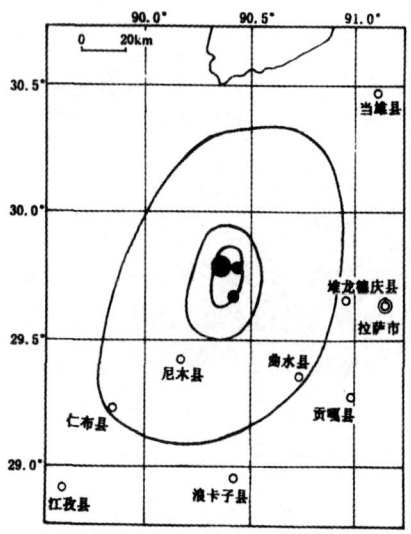

2008年10月6日当雄县6.6级地震烈度分布

（1）图例中，烈度所表达的含义是（　　）。

A. 震级相同

B. 震中距相同

C. 破坏程度相同

D. 震源深度相同

（2）据图概括地震烈度在空间分布上有何规律。

_____

（3）试用板块构造理论来解释当雄县地震的成因。

_____

（4）与"5·12"汶川地震相比，当雄地震所造成的财产损失及人员伤亡要少得多，为什么？

◆ 2011年2月22日新西兰第二大城市克莱斯特彻奇发生里氏6.3级地震，造成较大人员伤亡，读图回答问题：

（1）新西兰多地震的原因有：_____

（2）此次地震损失较大，原因有：_____

（3）为了减少地震造成的损失可采取措施有：_____
（至少两点）

◆ 2013年4月20日8时2分在四川省雅安市芦山县发生里氏7.0级地震，震源深度13千米，震中距成都约100千米。截至24日14时，地震遇难人数196人，失踪21人，11470人受伤，累计造成231余万人受灾。下图为2012年世界7级以上地震分布图。结合材料回答问题。

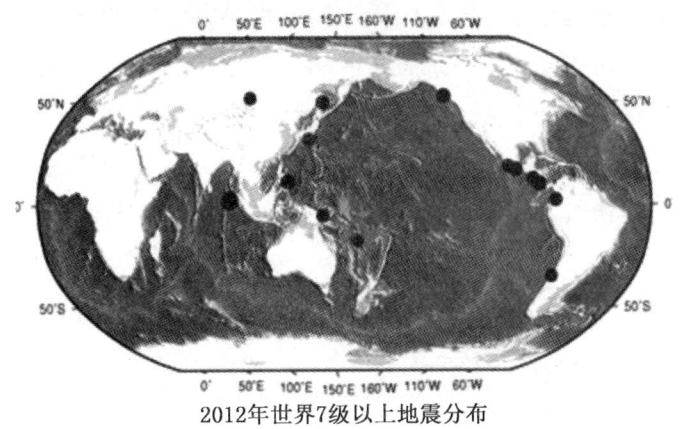

2012年世界7级以上地震分布

（1）指出2012年世界7级以上地震的分布规律，并分析成因。

_____

_____

（2）雅安地震与世界7级以上地震相比，震级较小，但造成的人员伤亡、财产损失更大。试分析其原因。

_____

_____

◆ 互动反馈

我们小组对上述问题的探究意见一致和不一致的内容是：_____

_____

_____

◆ 我们小组在探究这个问题时遇到的困难是：_____

_____

_____

知识链接

次生灾害造成的地震损失

"5·12"汶川地震的重灾区，主要分布在龙门山高山峡谷区和四川盆地深丘区等地，行政区划上涉及四川省的成都市、绵阳市、德阳市、广元市、阿坝藏族羌族自治州，甘肃省的陇南市，陕西省的汉中市等的山区，面积约50万平方千米。强烈地震除直接造成众多人员伤亡和各种设施被毁外，还在山区引发了大量次生山地灾害，形成灾害叠加，导致灾情更加严重。次生山地灾害主要沿龙门山地震断裂带集中分布和沿河谷两岸山坡分布，具有下列特点：①类型多样，包括崩塌、滑坡、滚石、堰塞湖、泥石流等；②数量上以滚石、崩塌、滑坡为主；③导致了大量人员伤亡；④堰塞湖主要由地震滑坡、崩塌形成；⑤泥石流活动具滞发性，地震直接激发的泥石流仅一处；⑥对生态环境破坏极大；⑦加剧了防洪形势的严峻性；⑧主要沿龙门山断裂带活动；⑨活动强弱与地震烈度大小关系密切。

安县安昌镇滚石致死 4 人

安县睢水至高川公路"老虎嘴"段被山地灾害毁坏

探究学习

1. 造成地震损失的间接原因

◆ 阅读图文材料，完成下列要求。

2013 年 2 月 18 日至 21 日，我国云南、四川发生近 20 次地震，震级最高为 4.9 级。2 月 19 日 10 时 46 分发生在云南省巧家县、四川省宁南县交界处的 4.9 级地震，成都高新减灾研究所与云南昭通市防震减灾局联合建设的地震预警系统对该次地震进行了成功预警，此次地震引起部分地区山体滑坡，有 5 间房屋倒塌受损，造成 7 人受伤。2012 年 6 月 24 日，云南省宁蒗彝族自治县、四川省盐源县交界处发生 5.7 级地震，造成 4 人死亡，28 人重伤，414 人轻伤，直接经济损失为 7.72 亿元。

（1）云南、四川地震频繁，说明云南、四川等地区地震多发的原因。

（2）分析 2013 年 2 月 19 日与 2012 年 6 月 24 日这两次地震所造成损失存在差异的原因。

2. 综合性分析

◆ 由地震灾害引起的各种社会性灾害，如瘟疫、饥荒、社会动乱、人的心理创伤等，称为（　　　）。

  A. 原生灾害　　　　B. 次生灾害　　　　C. 诱发灾害

◆ 2013年4月20日，四川雅安芦山县发生7.0级地震。在震后救灾中，北斗卫星导航系统（BDS）发挥了重要作用。BDS是我国自行研制的全球卫星定位与短文通信系统，是继美国全球定位系统（GPS）和俄罗斯格洛纳斯（GLONASS）之后的第三个成熟的卫星导航系统。据此回答：芦山地震与2008年汶川8.0级地震震中位置同处龙门山断裂带，但芦山地震造成的损失较小，主要原因有（　　　）。

①震级较低　②提前预报　③防震意识强　④救援及时

  A. ①②③　　　B. ①③④　　　C. ②③④　　　D. ①②④

◆ 我国是世界上地震灾害最严重的国家，唐山地震和汶川地震分别是我国20世纪和21世纪伤亡人数最多的两次地震。

时间	地点	震级	危害
1976年7月28日 3时42分53秒	河北唐山	7.8级	震源深度23千米，地震造成24.2万人死亡，重伤16.4万人，直接经济损失达30亿元人民币以上。
2008年5月12日 14时28分4秒	四川汶川	8.0级	震源深度14千米，遇难人数及失踪人数总和超过8.7万人，造成直接经济损失8451亿元人民币。

注：震源深度在60千米以内的地震称为浅源地震。

对比分析表中两次地震成因有何不同，并简析汶川直接经济损失比唐山多而伤亡人数比唐山少的原因。

_____

_____

_____

活动评价表

评 价 内 容	自评	互评	师评
探究学习一			
能够在图中标注 6～10 级的地震位置			
能够说出我国防灾减灾日			
能够完成"地震损失调查表"			
能够完成中国地震间接损失情况调查			
能够设计一张世界地震损失调查表			
探究学习二			
能够选出数据 236 亿用科学计数法表示正确的一项			
能够完成 1976 年 7 月 28 日发生在中国河北省唐山、丰南一带地震信息的填空题			
能够为云南鲁甸地震撰写一份损失评估报告			
探究学习三			
能够说出地震造成的人员伤亡最主要原因			
能够指出四川汶川 8 级地震却没有损毁和垮塌的工程			
能够说出艾加迪尔旅馆在 5.8 级地震下遭到破坏的原因			
能够说出日本新潟地震造成多栋建筑倾倒、下陷的原因			
能够说出远离震中的墨西哥城造成严重震害的原因			
能够完成针对当雄县境内发生 6.6 级地震设计的题目			
能够说出新西兰多地震的原因			

(续表)

评 价 内 容	自评	互评	师评
能够说出减少地震造成损失可采取的措施			
能够结合2012年世界7级以上地震分布图和文字材料回答问题			
探究学习四			
能够说明云南、四川等地区地震多发的原因			
能够说出两次地震所造成损失存在差异的原因			
能够说出由地震灾害引起的各种社会性灾害是什么灾害			
能够说出芦山地震造成损失较小的主要原因			
能够对比分析表中两次地震成因有何不同			
能够简析汶川直接经济损失比唐山多而伤亡人数比唐山少的原因			

评价等级：优、良、中、差

活动二　防震建筑的设计

知识链接

汶川地震建筑震害调查

震后应急评估——专家组在四川负责检测评估的建筑主要分布在都江堰、绵阳、德阳等城镇地区。截至2008年5月28日，累计检测评估建筑约800万平方米，其中公共建筑约占50%，住宅小区约占50%。

城镇及周边地区建筑损坏总体情况
严重损坏的建筑约占10%
中等损坏的建筑约占40%
轻微损坏的建筑约占50%

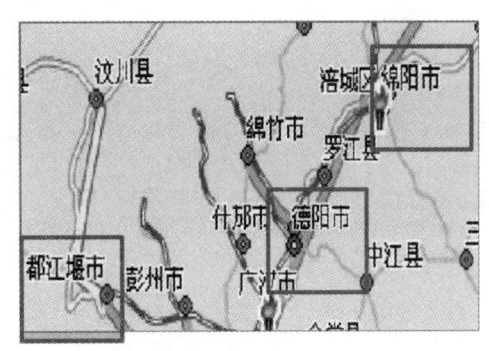

程度	严重损坏	中等损坏	轻微损坏
结构	农房、砖混砌体结构、底框结构等	砖混砌体结构、框架结构等房屋建筑	框架结构等
特点	建设年代较早的、抗震设防较低的房屋建筑	损坏部分主要为围护结构、加固后可继续使用	近年来按照标准规范新建的房屋建筑

评估结论：符合"抗震规范"的建筑基本上没有严重损坏或倒塌。

注：现在我国实行的是《建筑抗震设计规范》国家标准（GB50011—2010），于2010年12月1日起施行。原《建筑抗震设计规范》（GB50011—2001）已废止。

探究学习

从抗震性能看房屋建筑的工程抗震设计

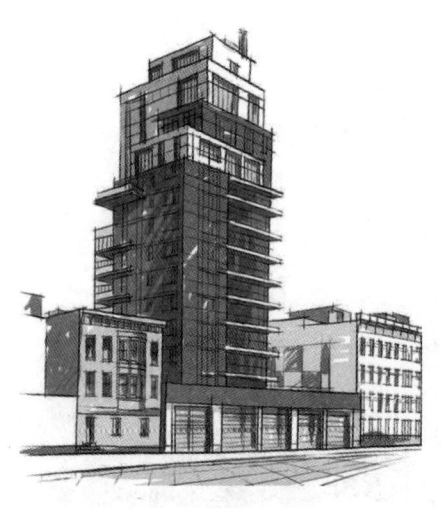

地震的危害性非常大，建筑物的抗震性能就显得尤为重要。目前我国抗震设计的目标是"小震不坏，中震可修，大震不倒"。即当地震烈度小于设防烈度时，房屋应基本完好；当地震烈度大于设防烈度时，房屋建筑即使产生较大破坏，也应保证不出现即时的垮塌，以使人员能够有逃生的时间。

1. 请查阅我国建筑结构的相关资料，填写下列空格。

◆ 我国目前房屋建筑的结构形式主要有：以砖石为主要建筑材料的_____结构；以钢筋混凝土为主要建筑材料的_____结构、钢筋混凝土框架——_____结构、_____结构；以钢材为主要建筑材料的钢结构框架以及钢与钢筋混凝土的_____结构。其中，住宅多为_____结构；公共建筑由于需要较大空间，一般为_____结构。

2. 连线题

◆ 请用线将建筑结构和对应的房屋类型连接起来。

砌体结构和框架结构	多高层住宅
钢筋混凝土剪力墙结构	多层建筑
框架——剪力墙结构	公共建筑和多高层建筑

3. 我国建筑抗震设防的目标是（　　）

A. 小震不坏　　　B. 中震不坏　　　C. 中震可修
D. 大震可修　　　E. 大震不倒

知识链接

抗震等级分类

本次建筑结构专家赴四川协助抗震救灾主要工作是进行房屋建筑震后安全检查。根据当地有关部门要求,按震后建筑结构的破坏程度被分为四个等级:

(1) 可以使用,即结构的承重结构基本保持完好,少量非结构构件损伤,继续使用不会引起承重结构的破坏,损伤的非结构构件不会造成对生命和财产的威胁;

(2) 加固后使用,即承重结构发生一定的损伤,部分非结构构件破坏,继续使用可能将会引起承重结构的损伤加大,或是剩余的非结构构件不稳定,对生命和财产产生威胁;

(3) 停止使用,即承重结构发生严重损伤,仅能保持自身结构稳定,不能继续使用;

(4) 立即拆除,即承重结构发生非常严重的损伤,随时可能发生倒塌。

探究学习

砌体-木屋架结构的震害

南坝镇小学教学楼垮塌

汉旺镇铁路货运站宿舍楼倒塌

蓥华中学教学楼右段
(左段为框架结构)

砖混结构的震害

红白镇底框砖混加油站　　　剑南春集团框架-砖混办公楼（水平混合）

框架-砌体混合结构

错层造成短柱剪切破坏　　　　　　　异形柱端破坏

框架结构的震害情况

绵阳新益大厦（承重结构没有损坏，少量围护结构有细小裂纹）

绵阳九洲体育馆

江油体育馆

 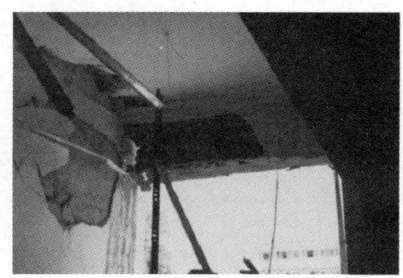

绵阳某酒店　　　　　　　　　汶川某教学楼

伸缩缝处碰撞破坏

都江堰某公共建筑　　　　　　　都江堰公安局

鞭梢效应造成顶部突出物结构破坏

装饰构件破坏

第五单元　震后重建　179

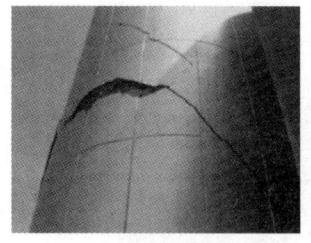  

绵阳科技馆　　　　　　剑南春办公楼　　　　　　汉旺某办公楼
圆形填充墙破坏

1. 请根据以上图片，查阅相关资料，判断哪种结构受到地震的损失最重，哪种结构受到的地震损失最轻，并写出判断依据。

_____
_____
_____
_____
_____

2. 位于坚硬场地上，震害较重的建筑物是（　　　）。

   A. 柔性建筑物　　　　　　B. 刚性建筑物
   C. 多高层框架　　　　　　D. 超高层结构

3. 对于下列常见的建筑结构类型，抗震性能最好的是（　　　）。

   A. 现浇砼结构　　　　　　B. 配筋砌体结构
   C. 预应力砼结构　　　　　D. 砌体结构

◆ 我们在探究过程中遇到的困难是：_____
_____
_____

◆ 我比较欣赏小组内_____同学的表现，理由是：_____
_____
_____

知识链接

世界抗震建筑

2013年4月20日8时2分在四川省雅安市芦山县（北纬30.3度，东经103.0度）发生7.0级地震，震源深度13千米。除了对逝去同胞的缅怀和对伤者的祈福，这次地震还给城市建筑设计敲响了警钟。从全球的重大地震灾害调查中发现，95%以上的人命伤亡都是因为建筑物受损或倒塌所引致的。探讨建筑物于地震中受损倒塌的原因，并加以防范，从工程上建造经得起强震的抗震建筑是减少地震灾害最直接、最有效的方法。下面我们浏览一下世界各国抗震建筑设计：

希腊智能减震屋

美国滚珠大楼

日本抗震民居

英国抗震建筑

日本抗震大楼

日本弹性大楼

可漂浮的抗震房屋

中国古代抗震建筑（整体浮筏式基储斗栱、榫卯）　　　应县木塔

探究学习

◆ 请结合以上图片，利用互联网查阅相关资料，回答下列问题。

1. 请任选一个抗震建筑，简述一下其抗震原理。

_____

_____

_____

2. 以上抗震建筑_____（国家）最多，请简要说明该国抗震建筑居多的原因：_____

3. 以上建筑你认为性价比最高的是哪个？请简述理由。

_____

_____

_____

◆ 互动反馈

我们小组对上述问题的探究意见一致和不一致的内容是：_____

_____

◆ 我比较欣赏小组内_____同学的表现，理由是：_____

_____

知识链接

中国、日本地震中的学校建筑

★ 中国地震中的学校建筑

"5·12"汶川大地震突袭而来，造成了大量人员的伤亡和经济财产的损失。其中，许多中小学教学楼（以下简称教学楼）倒塌，众多学生遇难，未倒塌的教学楼也都受到了不同程度的破坏，震中60%以上的教学楼成了危房，需要拆除重建。

倒塌的教学楼或未倒塌的危楼几乎都是砌体结构。砌体结构是一种脆性结构，其抗拉抗剪能力低，而教学楼多为两道纵墙，一道横墙，另加一外挑走廊。横墙间距为教室的长，纵墙间距为教室的宽，纵墙因采光需要，开洞较多，而且不均匀，在强烈地震作用下，这种砌体结构更易发生脆性剪切破坏，导致房屋的整体破坏和倒塌。

★ 日本学校建筑抗震设计

日本是一个地震多发的国家，每年发生有感地震1000多次，全球10%的地震均发生在日本及其周边地区。近年来，日本不断加大城市防震减灾的新技术开发，探索城市综合减灾的新思路。不仅如此，日本在建筑抗震、防火等安全性方面的规定复杂而严格。

日本防震有一个基本原则，就是"学校是第一避难所"，所有的房子都可以倒，学校的房子不能倒。日本政府从1923年的关东大地震中吸取了教训，以"学生的生命维系着国家未来"为最高原则，规定学校教学楼必须使用钢筋混凝土结构。

探究学习

1. 日本学校建筑抗震设计对我国中小学教学楼构建的启示是（　　　）。

A. 确立防震减灾工作以预防为主

B. 严格规划选址，避免场地对房屋的不利影响

C. 严格执行现行抗震技术规范，坚持抗震审查制度

D. 加强房屋抗震设计，注重房屋结构选型

E. 未达到现行抗震设防标准的既有建筑，要制定抗震加固计划

2. 建筑外形设计力求简单化

平整简单的外形有助于抗震能力的增加。如果建筑外形过于怪异复杂，平立面不规则，传力体系复杂甚至需要多次结构转换，影响了建筑抗震，也增加了建筑造价。日本建筑大多"外观形式简单，结构形式简洁"，主要考虑抗震需要。抗震设计专家们的共识是：外观设计中，尽量不要有凸面。三角形、四边形的外观，建筑抗震效果比较好。

◆ 请根据以上材料,完成下列练习。

(1) 抗震设计时,不应采用下列何种方案?( )

A. 特别不规则的建筑设计   B. 严重不规则的建筑设计

C. 非常不规则的建筑设计   D. 不规则的建筑设计

(2) 为什么要限制钢筋混凝土房屋的高宽比,下面说法正确的是( )

A. 高宽比越大,结构的侧移越大。

B. 高宽比越大,结构的稳定性越差。

C. 高宽比越大,结构越容易倾覆。

D. 高宽比越大,地震时,一侧柱可能会出现拉力,另侧可能出现过大压力。

E. 高宽比越大,结构的地震作用越大。

3. 学校建筑隐患探究活动

◆ 汶川地震,最惨痛的画面是无数幼小的身影被埋葬在教学楼倒塌的废墟中,学校已经成为本次地震造成大规模群死群伤的首冲之地。多少天真童稚的笑容已随风逝去,那本是每一个家庭的希望和祖国的未来。于是中小学建筑质量问题受到广泛关注,人们在声讨"豆腐渣"工程的同时,也纷纷呼吁"将学校建成最安全的地方""将学校建成避难场所""建震不垮的学校"。抗震专家周锡元院士建议:对学校、医院等人口密集、人群自救能力差的地方,提高标准,加强抗震能力,赋予紧急避难场所的功能。周锡元教授说,学校在抗震方面存在几个先天缺陷:一是房间大。相对而言墙的面积就小,墙面支撑作用不足,抗震能力就减弱;二是窗户大。教学需要良好的光线,采光使用大面积的窗户设计,相应地使得墙的面积大大缩减;三是走廊设计不到位。单面、外廊的走廊设计,多由柱子支撑,若教室两边都是走廊,在纵向上一间教室就只有前后两面墙抗震,两边柱子的作用则很弱。

映秀漩口中学遗址

◆ 请结合以上材料,以小组为单位,针对自己学校的建筑进行调查探究,分析本校建筑中存在哪些建筑隐患?请采取文字和图画相结合的方式进行记录。

4. 走进最美图书馆

◆ 嘉定公共图书馆、文化馆为嘉定新城区重要开发项目之一,融合了建筑设计,与嘉定民风淳朴、文风鼎盛、风光秀丽、人杰地灵的特色结合,将江南水乡书院的风格概念从室外延伸到室内。

◆ 主要材料：天然橡木地板、灰色雅光玻化地砖、黑色钢板柱子、圆铁管灯、部分石材面板

◆ 奖项：美国"Interior Design"竞赛 2013 年度最佳机构：公共图书馆

嘉定图书馆新馆

◆ 请采用网络搜索或实地调查等方式走进最美图书馆，根据课堂所学，指出图书馆有哪些防震隐患，请任选一处具体分析并说明理由。

防震隐患有：_____

理由是：_____

_____

_____

_____

_____

◆ 互动反馈

我们小组对上述问题的探究意见一致和不一致的内容是：_____

_____

_____

◆ 我比较欣赏小组内＿＿＿＿＿同学的表现，理由是：＿＿＿＿＿＿＿＿＿＿

知识链接

防震抗震，楼梯安全设计很重要！

★ 地震时，楼梯与大楼摇晃的频率不同步，结构发生不断的碰撞，在楼梯上的人，很有可能会被台阶割伤，这种毁伤也是很恐怖的，而且人群惊恐地挤在楼梯上，除了会踩踏，楼梯可能会承受不住而坍塌。所以地震逃生后，要远离楼梯。

★ 鉴于楼梯在水平地震作用下的"斜撑"效应，当楼梯参与结构整体受力时，将出现楼梯构件（楼梯板、楼梯梁、楼梯柱）受力复杂的情况，对楼梯的承载力造成极大威胁。所以应加强对楼梯间抗震安全性的重视，把楼梯间建成地震时逃生避难的"安全岛"。

探究学习

楼梯设计注意事项探究活动

◆ 汶川地震震害表明，多层框架结构（特别是幼儿园、中小学建筑）的楼梯间遭受了严重的破坏，这是人员未能及时安全撤离、造成重大人员伤亡的主要原因之一。有些楼梯因梯梁扭转破坏，有些因梯柱剪切破坏，而有些楼梯是多种应力作用下破坏的，因此平台梁、平台板和梯板仍然按简支梁（半嵌固）受弯构件设计以及梯柱按轴心受压构件设计是不安全的，不考虑楼梯间构件对主体结构的影响是不合理的，甚至会导致安全事故。

◆ 请结合以上材料，以小组为单位，进行楼梯设计注意事项调查探究活动，

第五单元 震后重建

并将结果写下来。

_____
_____
_____

◆ 下面请你作为小小调查员，针对我校的楼梯使用情况进行调查探究活动，并完成下列表格。

_____中学楼梯使用情况调查表

调查小组成员：_____

使用楼梯教学楼名称						
每栋的楼梯数量						
每层楼的楼梯级数						
楼梯各自使用的材料						
上下一层楼梯的时间						
地震中可能存在的安全隐患						
有效的改进措施						

◆ 互动反馈

我们小组对上述问题的探究意见一致和不一致的内容是：_____
_____

◆ 我比较欣赏小组内_____同学的表现,理由是:_____
_____
_____

◆ 综合学习

以上方法你学会了吗?请你对居住的小区进行一次居民建筑地震隐患调查探究活动吧!请把结果记录下来,课上以小组为单位,进行交流活动。

防震隐患有:_____
_____

可能有效的改进措施:_____
_____
_____

◆ 下面邀请你所在小组作为未来的建筑师团队,为我校设计一栋防震的图书馆,请根据小组同学特长,做好小组分工,分别从以下几方面内容阐述你们团队的设计理念,并绘制相应蓝图。

小组分工:_____

团队总工程师:_____

硬件设计师:_____、_____、_____

软件设计师:_____、_____、_____

蓝图绘制师:_____、_____

文案设计师:_____

设计推广师:_____

建筑材料:_____

建筑结构:_____

建筑风格:_____

装修风格:_____

防震特色:_____

设计蓝图（可另附纸张）

◆ 互动反馈

我们小组在探究活动中遇到的困难：_____

解决办法有：_____

◆ 我比较欣赏小组内_____同学的表现，理由是：_____

活动评价表

评 价 内 容	自评	互评	师评
探究学习一			
查阅我国建筑结构相关资料后，能完成填空			
能够将建筑结构和对应的房屋类型连接起来			
能够选出我国建筑抗震设防的目标			
探究学习二			
能够根据图片判断哪种结构受到地震的损失最重和最轻			
能够指出位于坚硬场地上，震害较重的建筑物			
探究学习三			
能够选出一个抗震建筑并简述一下其抗震原理			
能够说出抗震建筑最多的国家并说明原因			
能够指出性价比最高的建筑并说明理由			
探究学习四			
能够说出日本学校建筑抗震设计对我国中小学教学楼构建的启示			
能够说出抗震设计时，不应采用的方案			
能够选出限制钢筋混凝土房屋高宽比的正确理由			
能够分析本校建筑中存在哪些建筑隐患			
能够分析嘉定公共图书馆、文化馆的建筑隐患			
探究学习五			
能够说出进行楼梯设计时应注意的事项			
能够对学校楼梯使用情况进行调查探究并完成表格			
能够对居住的小区进行建筑地震隐患调查并写出报告			
能够按要求完成为学校设计一栋防震图书馆的相关任务			

评价等级：优、良、中、差

活动三　震后心理状况及疾病调查

知识链接

灾难的分类

①自然灾难，如地震、火山爆发；②人为灾难，如交通事故、人为火灾；③自然人为灾难，如地震过后的瘟疫；④人为自然灾难，如战乱、沙尘暴。

灾难心理学

灾难心理学是心理研究的一个新的领域，也是全社会关注的热点问题。是研究灾难中和灾难后人们的心理与行为的特点及其规律，并如何将这些知识应用于灾难心理救助的一门学科。

灾难心理学的任务

①理论任务。一是采用科学的方法描述和概括各种灾难心理现象，二是分析各种灾难心理和行为，并能够解释其原因，三是预测灾难心理和行为的发展变化，四是采取措施来调节控制灾难心理的发展变化；

②实践任务。一是运用灾难心理学的理论与方法解决实际问题时，倡导多学科之间的协作，二是应用研究要适合国情、社会文化。

震后常见的心理障碍

① 急性应激障碍（Acute Stress Disorders, ASD），是在剧烈的异乎寻常的精神刺激、生活事件或持续困境的作用下引发的精神障碍，以严重的精神打击为直接原因，患者在刺激后（1小时之内）立即发病，表现为有强烈恐惧体验的精神运动性兴奋，行为有一定的盲目性，或者为精神运动性抑制，甚至木僵。

② 创伤后应激障碍（Post-traumatic Stress Disorder, PTSD），是由于受到异乎寻常的、突发性、威胁性的灾难性事件或处境，导致个体延迟出现和长期持续存在心理障碍，

其表现以再度体验地震情景为特征，并伴有情绪的易激惹和回避行为。这些症状会严重影响日常生活，并且会持续一段较长的时间。重新体验灾难情景：出现PTSD的灾民通常会做与地震相关的噩梦，体验非常清晰，即使睡醒后脑海里也不时出现地震时的片段，情绪激动。一般会表现为回避和警觉性增高，不少患者出现睡眠障碍（难以入睡、易惊醒）、易激惹或易发怒、容易受到惊吓、难以集中精力等警觉性增高的症状。

探究学习

1. 灾难心理学的研究范围是：_____

2. 灾难心理学的任务分为_____和_____两类，我们常用的心理援助属于_____。

3. 急性应激障碍和创伤后应激障碍的区别是：_____

_____

_____

_____

_____

4. 见证灾害的三种形式

在任何一个灾难中，失落及创伤会直接影响许多人。此外，许多在其他非直接受灾区域的人，情绪上也会受到影响。见证灾害包括直接经历、目击或面对（直接、间接）三种形式。

直接经历：_____

目击：_____

直接面对：是指获取有关死亡或者有可能死亡的消息的人，例如家庭重要成员死亡。

间接面对：_____

_____

_____

每一个见证到灾难的人，从某种程度而言，都是受难者。即使一个人是透过二手消息或经由一些大众传播媒体得到信息，也会受到影响。

5. 请借助互联网以"灾难创伤"为关键词，查阅资料，完成下表。

灾难创伤类型调查

创伤类型	具体描述	创伤表现
个人创伤		
集体创伤		
两种创伤类型容易被忽略类型		
心理卫生的处理方式		

◆ 互动反馈

我们小组对上述问题的探究意见一致和不一致的内容是：_____
_____

◆ 我们小组在探究这个问题时遇到的困难是：_____
_____

◆ 我认为在我们小组内_____同学发挥了引领作用，理由是：_____
_____

知识链接

汶川地震后心理障碍调查

2008年5月12日，在我国四川省汶川县等地发生了百年来最大的里氏8级大地震，顷刻间数以万计的房屋倒塌，家园破碎，亲人丧生。

"5·12"大地震目前已造成69495人死亡，18404人失踪，374000人受伤，财产损失无以计数。对于每一个亲历了大地震的人无不产生强烈的心理作用。常常引起极度恐惧、害怕、无助，部分人更有强烈的情感、躯体状态及行为的改变，例如情绪低落、不愿与人交谈、容易哭泣、睡眠差、多梦、夜间惊醒、便秘、易发脾气、怕看电视中有关"5·12"大地震的节目、怕看见高楼、怕过高架桥、怕雷暴雨等。

探究学习

1. 请通过互联网查阅汶川大地震震后心理障碍的相关信息，完成下列表格。

心理障碍名称	具体表现	人数发生率
急性应激障碍		
创伤后应激障碍		
两种应激障碍中最常见精神障碍		

2. 请阅读以下材料，并通过互联网观看电影，并查阅相关信息完成以下练习。

电影《唐山大地震》简介

1976年7月27日夜，唐山地区爆发7.8级强烈地震，房屋倒塌，灾民无数。面对即将坍塌的危楼，丈夫方大强和妻子李元妮都要去救被困的龙凤胎儿女方登、方达。危急时刻，方大强拦住了妻子，冲进去营救时不幸罹难。李元妮在震后发现，一双儿女被困在一块水泥板两端，若要营救，必然牺牲一方。情急之下，她做出了艰难选择——救弟弟。此事成为方登心中难以磨灭的隐痛。后来，她被军人王德清夫妇收养。……32年后，这家人的命运却因为"5·12"汶川地震再次发生了交叠。

 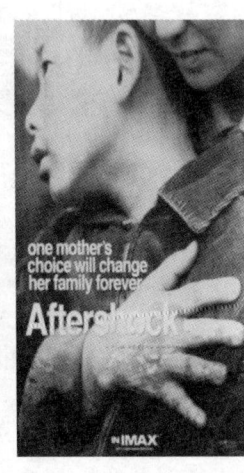 

其实，整个地震发生的过程被搬上荧幕的并不多，不到10分钟的时间，但是，对于经历过这次地震的那一家人，用90%以上的时间进行叙述。那么，从心理学上的角度该如何分析呢？请你通过观看电影或查阅的相关资料，任选一主要人物角色进行震后心理障碍分析。

李元妮：_____

_____

_____

方登：_____

_____

_____

方达：_____

_____

_____

◆ 互动反馈

我们小组对上述问题的探究意见一致和不一致的内容是：＿＿＿＿＿＿＿＿

＿＿＿＿＿＿＿＿＿＿＿＿＿＿＿＿＿＿＿＿＿＿＿＿＿＿＿＿＿＿＿＿

我们小组在探究这个问题时遇到的困难是：＿＿＿＿＿＿＿＿＿＿＿＿

＿＿＿＿＿＿＿＿＿＿＿＿＿＿＿＿＿＿＿＿＿＿＿＿＿＿＿＿＿＿＿＿

我认为在我们小组内＿＿＿＿＿同学发挥了引领作用，理由是：＿＿＿＿

＿＿＿＿＿＿＿＿＿＿＿＿＿＿＿＿＿＿＿＿＿＿＿＿＿＿＿＿＿＿＿＿

知识链接

要重视震后心理不同受灾人群身心应激症状影响度分析

频发的自然灾害不仅严重威胁着人类生存和发展，带来巨大的经济损失和严重的人员伤亡，而且给人们造成严重的心理创伤和精神伤害。中国是地震频发国家，在 20 世纪，占全球陆地面积 7% 的中国大陆地区，发生了占全球 35% 的 7 级以上大陆地震。地震作为一种典型的自然灾害，其灾后恢复周期长、多数当事人缺乏应对知识且容易产生严重的次生灾害。地震灾害后的受灾群体存在很多集中性的心理

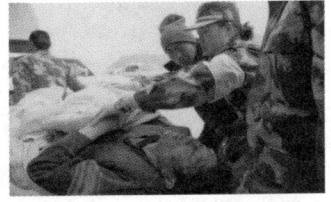

第五单元 震后重建

健康问题，由于居住环境改变、亲人伤亡、失踪及财产损失等，90%的灾民会出现心理反应，20%的灾民可能出现不同程度的心理障碍，其中11%可持续终身，发展为创伤后应激障碍（PTSD）。2010年4月14日，青海省玉树县又发生7.1级地震，玉树地震造成2220人遇难，这是中国继"5·12"汶川地震后发生的又一次重大自然灾害，因此对地震后灾民进行及时有效的心理救助十分重要，而震后心理不同受灾人群身心应激症状影响度分析同样重要。

探究学习

面对地震带来的巨大灾难，通过探讨地震后不同类型灾民身心应激症状的影响度，有利于有针对性地对灾民进行心理救助，减轻灾害影响，提高灾害救援效果。上海大学管理学院的赵来军、程晶晶、陈誉承等教授、学者将地震后灾民身心应激症状分解为4个指标，即生理症状、认知症状、情绪症状和行为症状。采用突变级数法构建了地震灾害后灾民身心应激症状突变模型，并以"5·12"汶川地震为例做实证研究，对不同类型受灾人群身心应激症状影响度进行了分析。分析结果见下表。

表1　不同性别人群的原始数据标准化和B层指标

评价指标	性别	轻度	中度	重度	总人数	取值	标准化	B层指标
生理症状	女	73	78	19	170	2.365	0.374	0.720
	男	73	57	9	139	2.079	0.318	0.682
认知症状	女	109	39	22	170	1.976	0.296	0.784
	男	99	23	17	139	1.820	0.260	0.764
情绪症状	女	60	49	61	170	3.012	0.479	0.692
	男	61	45	33	139	2.597	0.414	0.644
行为症状	女	95	53	22	170	2.141	0.331	0.752
	男	90	30	19	139	1.978	0.296	0.738

表2　不同年龄段人群的原始数据标准化和B层指标

评价指标	年龄段	轻度	中度	重度	总人数	取值	标准化	B层指标
生理症状	儿童组	45	30	3	78	1.923	0.284	0.657
	少年组	93	76	14	183	2.137	0.330	0.691
	青年组	4	4	1	9	2.333	0.368	0.717
	中老年组	4	25	10	39	3.308	0.520	0.804
认知症状	儿童组	62	12	4	78	1.513	0.180	0.709
	少年组	132	42	9	183	1.656	0.219	0.738
	青年组	3	4	2	9	2.778	0.444	0.850
	中老年组	11	4	24	39	3.667	0.564	0.892
情绪症状	儿童组	45	22	11	78	2.128	0.320	0.573
	少年组	67	64	52	183	2.836	0.453	0.673
	青年组	4	1	4	9	3.000	0.477	0.691
	中老年组	5	7	27	39	4.128	0.616	0.785
行为症状	儿童组	57	14	7	78	1.718	0.235	0.696
	少年组	114	57	12	183	1.885	0.275	0.724
	青年组	4	3	2	9	2.556	0.407	0.799
	中老年组	10	9	20	39	3.513	0.546	0.859

表3　不同受灾区人群的原始数据标准化和B层指标

评价指标	受灾程度	轻度	中度	重度	总人数	取值	标准化	B层指标
生理症状	重灾区	106	98	20	224	2.232	0.349	0.704
	轻灾区	40	37	8	85	2.247	0.352	0.706

（续表）

评价指标	受灾程度	轻度	中度	重度	总人数	取值	标准化	B层指标
认知症状	重灾区	140	53	31	224	2.027	0.307	0.790
	轻灾区	68	9	8	85	1.588	0.201	0.725
情绪症状	重灾区	83	72	69	224	2.875	0.459	0.677
	轻灾区	38	22	25	85	2.694	0.430	0.656
行为症状	重灾区	126	66	32	224	2.1461	0.335	0.761
	轻灾区	59	17	9	85	1.824	0.261	0.715

表4 不同组别受灾群体所受影响度大小的顺序

所受影响度	大 →→→→→→→→→→→→→→→→→→→→→→→→→→→→→→→→ 小			
性　别	女			男
年　龄	中老年组	青年组	少年组	儿童组
受灾区	重灾区			轻灾区

1. 请根据以上表格提供的相关信息，完成报告填写。

地震灾害后不同受灾人群身心应激症状影响度分析报告

评价指标	B层指标数最高组别			B层指标数最低组别		
	性别	年龄	受灾轻重	性别	年龄	受灾轻重
生理症状						
认知症状						
情绪症状						
行为症状						
结　　论						

2. 震后灾区儿童心理状况调查

突发的灾难除了顷刻间造成大量人员伤亡和财产损失外，还会对人们的心理产生巨大影响。对经历特大灾难者不但需要生命和身体的救助，还需要进行心理危机干预，帮助灾区人民平复心理创伤，尽最大可能将灾难对人们的心理影响减少到最小，减少心理疾病的发生和对心理社会功能的后遗影响。尤其是灾区儿童的心理状况更应得到重视。

下面是相关研究人员在汶川大地震一年后对成都市兴蓉社区6岁到12岁儿童进行的调查结果（部分调查结果见下图）。

备注说明：本次调查内容主要包括：调查对象的基本情况（性别、年龄、性格等）；对地震的关注和认识；地震安全知识的掌握情况；遇到地震的逃生方法；地震前后的心理状况等。

总样本症状检出率情绪比较

项　　目	轻度（得分＞90）	中度（60到80）	重度（＜60）
恐惧地震场景	66（66%）	28（28%）	6（6%）
对精神的影响	70（70%）	23（23%）	7（7%）
反复思考相关事情	66（66%）	27（27%）	7（7%）
听到、看到地震情景易哭泣	66（66%）	26（26%）	8（8%）

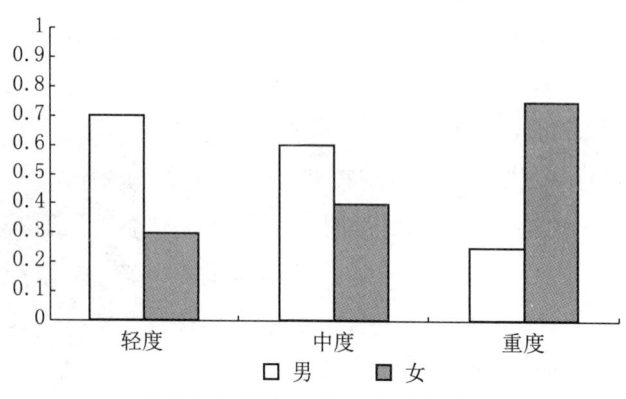

儿童心理所受影响男女比例柱状图

地震前后儿童对地震常识的了解状况得分表

得分	大于90	80到90	60到80（不含80）	小于60
地震前	12（12%）	14（14%）	18（18%）	56（56%）
地震后	89（89%）	8（8%）	2（2%）	1（1%）

★ 请结合以上图表相关信息，根据提示概述儿童震后心理创伤特点。

在对地震一年后，儿童的心理状态调查后发现，经过一年的休整，_____儿童心理状况相对较好，地震的恐惧感逐渐缓和，但仍有_____儿童对地震的反应仍较强烈，不愿意看到地震的场景，不愿意回忆，他们仍然笼罩在地震带来的痛苦中。另外样本中的_____生对地震后情感、情绪体验及躯体反应明显高于_____生，这可能与_____生易敏感、多虑、情感丰富细腻有关。从该样本调查结果看，有的儿童虽然没有亲身经历地震现场，但对他们的心理已经带来了影响，反应强度为：轻度最高在_____，中度症状最高在_____，重度症状最高在_____；影响面较大，干扰了正常的生活和学习。因此_____是非常必要的。

3. 特殊人群震后心理障碍调查研究

2008年的汶川8级地震救援是现代条件下地震救援的实例。我国初步建立的应用现代救援技术的地震救援体系在汶川地震抢险救灾过程中发挥了作用，开展了一场全民动员的立体救援活动。在参加救援者中，除国家和各省市的专业灾害救援队伍之外，还前所未有地出现了大批救援志愿者队伍。救灾现场也在现代传媒参与下进行了广泛传播，给人形成了更加身临其境的震撼。汶川地震后，地震灾害引发的心理问题引起社会各界的高度重视，地震救援者自身的心理健康问题也在汶川地震后引起了人们的关注。

★ 请通过互联网查阅相关资料，结合课堂所学，任选一类特殊人群进行心理障碍分析。

应急抢险救援人员
_____
_____

医疗救护人员
_____
_____

地震救灾志愿者
_____
_____

重灾区的公安民警
_____
_____

◆ 互动反馈

我们小组对上述问题的探究意见一致和不一致的内容是：_____
_____
_____
_____

第五单元　震后重建

活动评价表

评 价 内 容	自评	互评	师评
探究学习一			
能够说出灾难心理学的研究范围			
能够说出灾难心理学的两类任务			
能够说出急性应激障碍和创伤后应激障碍的区别			
能够说出灾害的三种形式			
能够以"灾难创伤"为关键词查阅资料并完成表格			
探究学习二			
能够获取汶川大地震震后心理障碍的相关信息并完成表格			
观看《唐山大地震》后,能够完成人物的心理障碍分析			
探究学习三			
能够根据表格提供的相关信息完成报告填写			
能够说出小组在探究心里障碍问题时遇到的困难			
探究学习四			
能够完成不同受灾人群身心应激症状影响度分析报告			
能够结合图表相关信息,概述儿童震后心理创伤特点			
能够任选一类特殊人群进行心理障碍分析			

评价等级：优、良、中、差

活动四　灾后心理干预和辅导

 知识链接

心理干预

心理干预（psychological intervention）是指在心理学理论指导下有计划、按步骤地对一定对象的心理活动、个性特征或心理问题施加影响，使之发生朝向预期目标变化的过程。

心理干预的手段包括心理治疗、心理咨询、心理康复、心理危机干预等。

什么是心理危机干预

心理学领域中，危机干预指对处在心理危机状态下的个人采取明确有效措施，使之最终战胜危机，重新适应生活。心理危机干预的主要目的有两个：一是避免自伤或伤及他人，二是恢复心理平衡与动力。有效的危机干预就是帮助人们获得生理心理上的安全感，缓解乃至稳定由危机引发的强烈的恐惧、震惊或悲伤的情绪，恢复心理的平衡状态，对自己近期的生活有所调整，并学习到应对危机有效的策略与健康的行为，增进心理健康。为了进行有效的心理危机干预，必须了解人们在危机状态下有哪些心理需要。在地震期间，人们会更关心个人基本的生存问题，如环境是否安全、健康是否有保障等；会担心自己及所关心的人（如父母、亲戚、子女、朋友、老师）；会表现惊慌、无助、逃避、退化、恐惧等行为；想吐露自己对突发事件的内心感受；渴望生活能够尽快安定，恢复到正常状态；希望得到他人情感的理解与支持等。这些心理需要为心理危机干预提供了依据。

探究学习

1. 心理干预的手段包括_____、_____、_____、_____四个方面。
2. 心理危机干预的目的可以分为以下两种：_____

3. 请结合上述材料，利用互联网查阅相关资料，概括一下心理需要有哪几类？

_____
_____

4. 请根据以上学习，分析一下你的同桌的心理需要属于哪个类型？
同桌 A：_____
同桌 B：_____

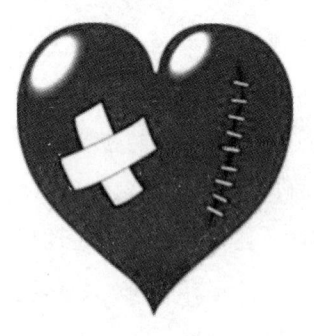

危机干预的时间一般在危机发生后的数个小时、数天，或是数星期。危机干预工作者一般必须是经过专门训练的心理学家、社会工作者、精神科医生等。需要心理干预的人群范围很广泛，既包括身体有创伤的人，又包括与患者有密切接触的一线医护人员、应急服务人员、志愿人员，他们也容易出现心理问题。另外，不愿公开就医的人和有担心恐惧的普通大众也需要心理上的援助。

危机干预的方法有多种形式。危机心理咨询与传统心理咨询不同，危机心理发展有特殊的规律，需要使用立即性、灵活性、方便性、短期性的咨询策略来协助人们适应与渡过危机，尽快恢复正常功能。心理支持性团体在危机干预中得到广泛应用。

5. 请结合上述材料，并查阅资料，概括一下如何进行震后自我情绪调整？

_____
_____
_____

6. 如果你是一名2008年"5·12"汶川地震后汶川中学的学生,你此时正遇到心理危机,该怎样帮助自己?

知识链接

灾难发生后心理社会干预的重要性

5月12日四川汶川大地震,举世震惊。中国领导人和中国人民对受灾人员的忘我救援和热忱是历史罕见的。四川省领导和四川救灾指挥中心的全体工作人员和全国人民一起,在救灾工作中作出了很大的贡献,抢救出了很多宝贵生命。

根据美国心理学研究表明,当一个受灾人员在心理上受到极大创伤时,他不一定要得到心理医生的治疗才能消除心理创伤。受灾者可以和朋友倾诉心里的委屈及悲伤的感受,以得到朋友的理解和帮助;可以从事一些有意义的活动,去做一些帮助别人的事,使受灾者体会到人生的价值。因此,帮助受灾者消除心理创伤并不光是心理医生的事,而是我们全民的事。每个中国人都应伸出援助之手,奉献关爱之心,使受灾者感受到整个社会都在关心和帮助他们。

灾难对受灾人群的心理社会影响是复杂和沉重的,如果不加以及时处理,会带来长期和不良的后果。灾难应激应该理解为对灾难事件的正常反应。多数研究指出,灾难事件发生时是进行危机干预的最佳时刻。

在灾难发生时,大多数人不会变得无能为力,只不过短期内处于不能应付和心理失衡状态,通过心理社会干预使他们增强信心和应对能力,就能有效地增强他们的身心健康水平,预防突发性灾难所导致的身心障碍的发生。

探究学习

哪些人群需要心理社会干预？

第一级：直接被卷入大规模灾难者。幸存者需要及时的心理社会援助。

第二级：与一级受灾者有密切的个人和家庭联系，可能遭受严重的悲哀和内疚反应者。幸存者需要心理社会工作队的援助，缓解继发的应激反应。

第三级：从事救援或搜寻的工作者，帮助进行重建或康复工作的成员和志愿者。

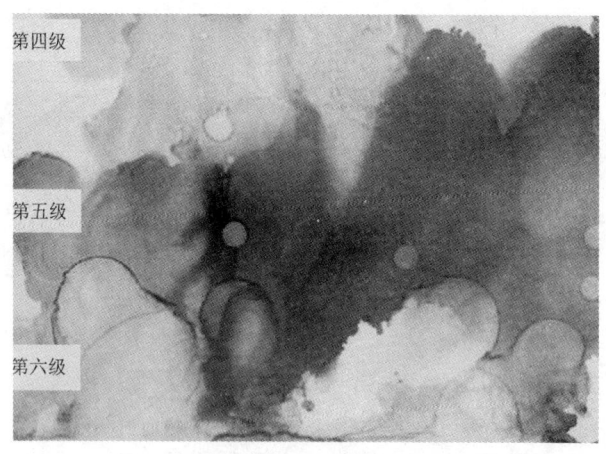

1. 以上材料是小 A 同学查找的关于需要心理社会干预人群的资料，但被打翻的咖啡严重污染了，有些字迹已经看不清了，你能帮他补全残缺的部分吗？

第四级：_____

_____

第五级：_____

_____

第六级：_____

_____

2. 如果你是一名心理援助志愿者，你会首先选择哪一级的人群进行心理社会干预，请结合以上材料，说明你选择的理由。

_____

_____

3. 为了有效地对受灾人员进行心理咨询和辅导，让我们来分析一下心理创伤的整个过程。下图是心理创伤过程简要图表卡片图，但因为排版出了问题，导致顺序错误，请你重新排列一下心理创伤过程图。

受灾后的结果
1. 失去亲人
2. 失去财产
3. 自己受伤
4. 亲人、朋友受伤
5. 其他

A

| 外界不幸事件的发生 | B |

| 体内产生焦虑荷尔蒙 | C |

| 产生生理上的不同疾病 | D |

体内产生焦虑荷尔蒙反应
1. 影响睡眠，晚上做噩梦
2. 情绪低落
3. 厌食
4. 不愿与人交流
5. 喜欢独处
6. 疲惫
7. 轻生念头
8. 其他

E

大脑对受灾结果的分析及反应
1. 亲人离别的悲痛和焦虑
2. 产生孤独感
3. 对继续生活失去勇气
4. 在工作、物质和生活上对未来的担忧
5. 对不定因素的焦虑
6. 其他

F

4. 请写出正确心理创伤过程图的字母排列顺序：_____

综上所述，我们可以看到，在一个不幸事件发生后，受灾人员的心理创伤有可能转化成_____疾病，对受灾人员伤害很大。从心理创伤过程示意图可以看出，受灾程度不是决定心理创伤程度的主要因素。心理创伤程序是由受灾人员的大脑活动起着作用的。也就是说，受灾者受到外界刺激必须通过内因（即自己本人对事物的分析）来起作用。

◆ 互动反馈

我们小组对上述问题的探究意见一致和不一致的内容是：_____

我们小组在探究这个问题时遇到的困难是：_____

我认为在我们小组内_____同学发挥了引领作用，理由是：_____

知识链接

心理疗法

从心理学角度出发，提供给受灾人员和帮扶人员一些具体的心理疗法，以此来消除受灾人员的心理创伤，使他们重新树立起生活的信心和勇气。

心理疗法之一：用焦虑倾诉法消除心理创伤

心理疗法之二：建立起重新生活的自信心

心理疗法之三：运用心理比较法消除心理创伤

心理疗法之四：注意力控制法

心理疗法之五：建立帮扶组织

心理疗法之六：引导认识自我价值

心理疗法之七：积极开展集体活动

心理疗法之八：明确重建家园的蓝图

心理疗法之九：及时树立灾民抗灾典型

> 探究学习

受灾儿童需要保护

地震造成的房屋损毁和人员伤亡，会影响到人们的心理健康，使人产生焦虑、愤怒等应激反应。儿童比成人更为脆弱，除了面临饥饿、寒冷、外伤等危险，儿童也会受到心理的伤害。因此，此时更需要关注儿童的反应，适时地保护儿童。

哪些孩子更容易在灾难中受到心理伤害？

灾难事件对下列儿童的影响更大，他们比其他儿童更需要关注：以往遭受过灾难或创伤事件的儿童；有被虐待或殴打史的儿童、女童、智力障碍儿童；患躯体疾病、残疾的儿童，或者在灾难中身体受伤的儿童；以前曾经有过情绪、行为问题的儿童；有精神疾病家族史的儿童。

1. 请结合以上材料，通过互联网查阅地震后受灾儿童心理伤害的相关资料，谈一谈该如何保护受灾儿童？

_____

2. 2008年5月12日，四川汶川发生了震惊中外的里氏8.0级大地震。在中国共产党的坚强领导下，面对百年一遇的天灾，中国人民谱写了一曲曲让世人为之钦佩的可歌可泣的动人诗篇。请你设计一条公益广告用语，以此支援四川人民的灾后重建工作。

_____

3. 由班长主持，全班投票选出最佳公益广告。

撰写者：_____

最佳广告语：_____

你最喜欢的广告语：_____

> 知识链接

心理援助用语心智层面要素

心理援助言语行为是心理治疗师使受助者改变原有态度并接受自己观念的过程，如果心理治疗师不能正确评估受助者的心智世界，语用策略或语言形式运用不当，便不会达到救援目的。

心理援助用语需要考虑以下要素：

一、情感因素

情感是指对外界刺激肯定或否定的心理反应，如喜悦、愤怒、悲伤、恐惧、爱慕、厌恶、怨恨等。在心理援助言语行为中，受助者的情感状况直接制约着说话人对语用策略和语言形式的选择。

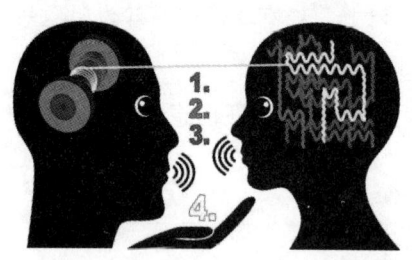

二、年龄因素

我们认为，年龄是决定受助者心智世界的重要因素，不同年龄的受助者，有不同的心理状况，心理治疗师应当综合考虑受助者的年龄因素，正确评估其心理状况，才能恰当地选择语用策略和语言形式。

在心理援助过程应该充分考虑儿童、青少年、成年人和老年人四个人群心理需求。

三、心理援助用语的正确使用

灾后心理援助时如何避免套话

不应该说的	应该说的
时间能治愈一切	你一定会感到这痛苦永远无法忘记
在这种情况下应该想开点儿	这真是难以承受的痛苦
你深爱的人可以安息	你深爱的人不再痛苦，但我知道你在遭受痛苦
上天不会再给我们难以承受的打击了	这对你来说一了定很难面对
别哭了	哭吧，你尽情地哭吧
我了解你的感受	我无法想象你此刻的感受，我只想让你知道我是多么地在乎

（续表）

不应该说的	应该说的
一切都会好起来的	请允许我做任何对你有帮助的事情
如果需要我做什么，请告诉我	告诉我你的电话，我会给你打电话，看能帮你什么忙

探究学习

这是一个北川的男孩子，小王，15岁，初中二年级。地震后，当他到家后，所有的房子都倒了，好不容易才在一堆废墟面前找到了妈妈，但妈妈当时已经昏迷了。妈妈的左腿被倒下的墙砸断，头又被掉下的房梁砸中，他们把她拖出来的时候还是清醒的，可以说话，过了一会儿就昏迷了，但是还有心跳，没有办法，只有等医院的人来救，一天后还没有看到有救护车上来。到处的路都断了，车根本就进不来，只有把妈妈想办法先弄出去再找医生，小王先把妈妈的腿用木棒固定好就背着妈妈往山下走，"妈！你一定要坚持住哦，我们下去找到医生就好了！"一路上小王不停地和妈妈说着话。走一段休息一下，又经过近十个小时的艰难的山路，小王终于把妈妈从里面背到了一段没有塌方的马路上，这个时候小王也已经筋疲力尽了。这个时候救援的车也赶了过来，小王就和妈妈一起上了一辆救护车，来到了江油市的医院。经过两天的抢救，小王妈妈因颅内出血和感染还是没有醒过来。从医生宣布妈妈离开的消息那一刻开始，小王就很少说话，基本上没有和别人交流过。

1. 请用一句话概括这段文字的内容，用一个词表达小王的心情，描述他当时的心理状态。

2. 作为一个心理援助志愿者，现在让你去帮助一个地震灾后失去母亲的小王，请根据以上情境，结合心理用语正确使用的提示，由你和同桌分别扮演心理援助志愿者和小王同学，模拟一下心理援助过程。

志愿者：你好，我们能聊聊天吗？

小王：_____

志愿者：_____

小王：_____

志愿者：_____

小王：_____

志愿者：_____

小组同学对我的评价是：_____

小组同学对同桌的评价是：_____

提示：评价的同学可以针对我或同桌的一个词、一句话使用是否恰当进行评价！

3. 作为一个心理援助志愿者，请根据心理援助师的问题和心理辅导过程，补全受助者的相关回答。

受助者资料：受助者在地震发生时，从宿舍中跳窗逃生，导致左下肢骨折，住院治疗。由于受助者脑海内不断闪现地震时的场景，内心存在明确的不安全感。

受助者：_____
_____
_____
_____

心理治疗师：看来你现在对地震有明显的恐惧感，一个人待着有强烈的不安全感，而且这种不安全感对睡眠和日常生活已经产生明显的影响。其实，在地震这样破坏性灾害发生时，每个人都会害怕恐惧，你现在的感觉是正常的，许多人都这样，我认为你跳楼的决定没有错，你现在也没感到后悔，这很好，你是最坚强、最棒的！至于你的骨折，我想通过医生的手术会慢慢好起来的，不会有事的。

4. 作为一个心理援助志愿者，请根据以下信息，模拟心理援助过程，注意心理辅导语言的使用。

受助者资料：受助者42岁，由于地震当日目睹家中十几间房屋倒塌，自己感觉什么都没有了，活不下去了，于是服毒自杀，由于抢救及时，挽救了她的生命。但是随后的时间里经常自己发呆，独处，不愿与人交谈，表现出十分消极、悲伤的情绪。

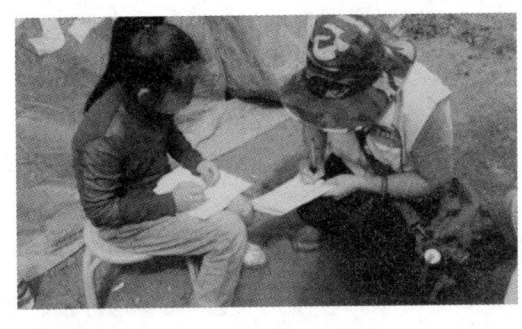

心理治疗者：你服毒自杀，是不是因为你多年的辛劳全没了，特别难过？

受助者：是呀！自己的辛劳所得一下子全都没了，肯定特别难受。

心理治疗者：_____

_____

_____

知识链接

美术对灾后心理援助原则

美术专业对灾后的心理救助应遵循以下原则：施援者不要过度主观，要注意"三要"方法：要相信，要多问候，要有耐心。要充分尊重受灾者的现实。引导受灾者进行自由主题的美术创作。然后，结合心理学和精神分析学等学科知识，加大分析作品的力度，从创作者的作品主题选择、表现形式、特有意图、表达等内容，力图发现受灾者的心理灾害深度，从而研究选择制定进一步治疗方案和方法。进一步引导受灾者在创制美术作品的过程中进行自我梳理性治疗，让情绪得到释放，让受灾者也接受灾害现实，让身心逐渐和谐，从而达到促进干预受助者早日健康的目的。

音乐在灾后心理援助的使用

奥尔夫音乐教育体系是当今世界最著名、影响最广泛的三大音乐教育体系之一。在奥尔夫的音乐课堂中，孩子们有机会进入丰富的艺术世界，音乐不再仅仅是旋律和节奏，而是与儿歌说白、律动、舞蹈、戏剧表演甚至是绘画、雕塑等视觉艺术相联系。他们可能在老师的引导下去关注特定的一个声源，去倾听、辨别，想象来自生活和自然界的不同的声音。

奥尔夫音乐治疗，主要供那些从事问题儿童工作的人士使用——儿童治疗师、教师、心理学家——即所有在这一领域中探索，希望对某一治疗方法的发展进行分析、理解并使之可供更多专业人士使用的人们。

探究学习

★ 请利用互联网查阅关于体育心理学等相关资料，说一说体育运动在于心理援助上的作用，并尝试说一下体育在心理援助过程中应该遵循哪些原则。

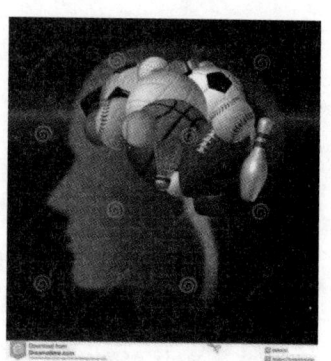

_____
_____
_____
_____
_____
_____
_____

★ 学校拟筹建一间心理教室，请你根据本章节所学知识，从以下方面帮助完成心理教室的筹备吧！

★ 器材准备：

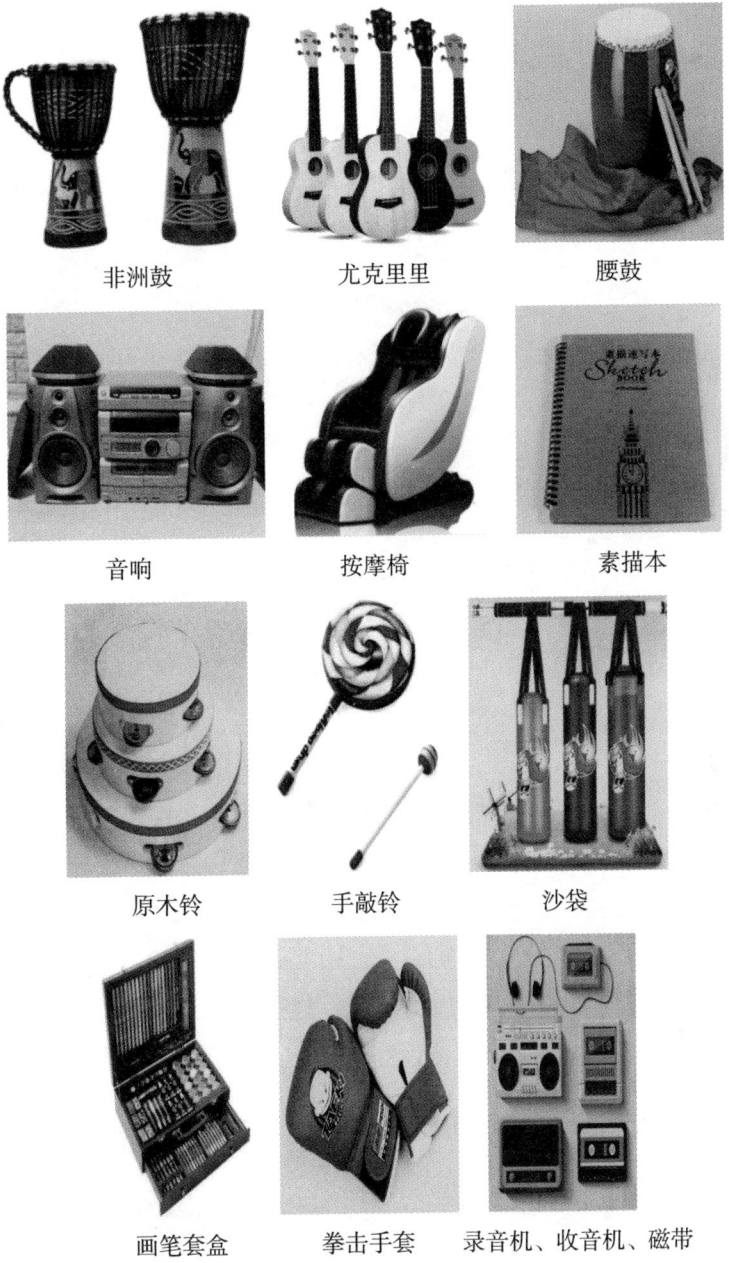

非洲鼓　　尤克里里　　腰鼓

音响　　按摩椅　　素描本

原木铃　　手敲铃　　沙袋

画笔套盒　　拳击手套　　录音机、收音机、磁带

1. 以上器材你会选择哪些器材，还需要补充哪些器材？

你选择的器材是：＿＿＿＿＿＿＿＿＿＿＿＿＿＿＿＿＿＿＿＿

你补充的器材有：（名称）＿＿＿＿＿＿＿＿＿＿＿＿＿＿＿

画图如下：

请与同桌交流一下你选择以上器材的理由，并把它写下来。

＿＿＿＿＿＿＿＿＿＿＿＿＿＿＿＿＿＿＿＿＿＿＿＿＿＿＿＿＿＿＿＿
＿＿＿＿＿＿＿＿＿＿＿＿＿＿＿＿＿＿＿＿＿＿＿＿＿＿＿＿＿＿＿＿
＿＿＿＿＿＿＿＿＿＿＿＿＿＿＿＿＿＿＿＿＿＿＿＿＿＿＿＿＿＿＿＿
＿＿＿＿＿＿＿＿＿＿＿＿＿＿＿＿＿＿＿＿＿＿＿＿＿＿＿＿＿＿＿＿

2. 环境的布置。

装修的颜色：＿＿＿＿＿＿＿＿＿＿＿＿＿＿＿＿＿＿＿＿＿＿

你选择的理由是：＿＿＿＿＿＿＿＿＿＿＿＿＿＿＿＿＿＿＿＿

3. 请在以下图片中选择一幅作为心理教室的装饰画。

A

B

C

D

你选择的图片编号：_____

理由是：_____

4. 如果由你来设计心理教室的装饰图片，你会做怎样的设计呢？请把你的设计画下来吧！

你的装饰画（可另附纸）

5. 请小组交流一下，哪位同学选择的器材最合适，谁的装饰画画得最好，谁的装修风格最符合设计要求？

　　器材选择最合适的同学是：_____

　　装饰画画得最好的同学是：_____

　　装修风格最符合设计要求的同学是：_____

◆ 互动反馈

我们小组在探究这个问题时遇到的困难是：_____

_____

_____

我认为在我们小组内_____同学发挥了引领作用，理由是：_____

_____

_____

活动评价表

评 价 内 容	自评	互评	师评
探究学习一			
能够说出心理干预的手段包括哪四个方面			
能够说出心理危机干预的目的可以分为哪两种			
能够查阅相关资料，概括心理需要有哪几类			
能够分析同桌的心理需要属于哪个类型			
能够概括一下如何进行震后自我情绪调整			
能够假设遇到心理危机，该怎样帮助自己			
探究学习二			
能够补全被咖啡严重污染的资料的残缺部分			
能够说出选择哪一级的人群进行心理社会干预并说明理由			
能够写出正确心理创伤过程图的字母排列顺序			
探究学习三			
能够谈一谈该如何保护受灾儿童			
能够设计一条公益广告用语，支援四川人民的灾后重建工作			
能够选出最佳公益广告			
探究学习四			
能够用一个词表达小王的心情，描述当时的心理状态			
能够与同桌模拟一下心理援助过程			
能够补全受助者的相关回答			
能够作为心理援助志愿者，根据信息模拟心理援助过程			

（续表）

评 价 内 容	自评	互评	师评
探究学习四			
能够选择心理教室需要的器材和需要补充的器材			
能够完成心理教室环境的布置并说明理由			
能够选择一幅作为心理教室的装饰画			
能够设计心理教室的装饰图片并将设计画下来			

评价等级：优、良、中、差

后 记

《上海市进一步推进高中阶段学校考试招生制度改革实施意见》中明确 2021 年起本市高中阶段学校招生考试科目中包含跨学科案例分析，内容主要涉及地理和生命科学等学科，对学生综合运用各学科知识分析和解决实际问题能力的考核。探索跨学科案例分析的教学方式，提升学生跨学科案例分析的能力，是学校教学工作的新目标。《地震科学探索——综合实践活动课程手册》就是综合各学科知识的跨学科课程学习手册。

改革新政中提出要关注学生的探究学习、职业体验等综合实践活动，引导学生把课程学习内容与真实生活情境相结合，提高综合素质。教学新目标的实现，需要学校充分挖掘各类资源，学科教师的教学理念更新到教学实践合一，是一个不断深入探索的过程。学校充分利用现有的特色教学设备资源，发挥相关学科老师的专业能力，进行跨学科案例教学的研究。立足学生的学段特征，编写了多学科知识与探究学习活动相融合的学习手册。老师们深入研究知识呈现的正确性、活动方式的多样性和趣味性，探索和丰富学生的学习体验、逐步提升学生解决实际问题的能力。《地震科学探索——综合实践活动课程手册》是老师们齐心协力在教学探索道路上的一个脚印。

本学习手册编写人员：第一单元胡立德、濮燕华、赵东，第二单元濮燕华、张卫霞，第三单元赵东，第四单元张卫霞，第五单元楚春娟。全书由胡立德统稿。

本学习手册编写大纲由王怡校长、吴霞副书记、叶芳主任、外聘专家胡立德讨论确定。

叶 芳

2021 年 3 月

图书在版编目(CIP)数据

地震科学探索：综合实践活动课程手册 / 王怡主编
. — 上海：上海社会科学院出版社，2021
 ISBN 978 - 7 - 5520 - 3591 - 9

Ⅰ. ①地… Ⅱ. ①王… Ⅲ. ①地震学—中学—教学参考资料 Ⅳ. ①G633.553

中国版本图书馆 CIP 数据核字(2021)第 123515 号

地震科学探索——综合实践活动课程手册

主　　编：王　怡
责任编辑：邱爱园
封面设计：周清华
出版发行：上海社会科学院出版社
　　　　　上海顺昌路 622 号　邮编 200025
　　　　　电话总机 021 - 63315947　销售热线 021 - 53063735
　　　　　http://www.sassp.cn　E-mail: sassp@sassp.cn
照　　排：南京理工出版信息技术有限公司
印　　刷：上海信老印刷厂
开　　本：787 毫米×1092 毫米　1/16
印　　张：14.5
字　　数：225 千字
版　　次：2021 年 7 月第 1 版　2021 年 7 月第 1 次印刷

ISBN 978 - 7 - 5520 - 3591 - 9/G · 1103　　　　　　　　　　　定价:58.00 元

版权所有　翻印必究